BASTEI
LÜBBE
TASCHENBUCH

Weitere Titel des Autors:

Öffentliche Mülleimer dürfen nicht sexuell belästigt werden

Sitzproben auf öffentlichen Bänken sind eigenständig durchzuführen

Titel in der Regel auch als Hörbuch und E-Book erhältlich

Über den Autor:

Justus Richter bereiste auf der Suche nach den kuriosesten
Urteilen und Richtersprüchen die Gerichtssäle der ganzen Welt.
Darüber hat er die Bestseller ÖFFENTLICHE MÜLLEIMER DÜRFEN
NICHT SEXUELL BELÄSTIGT WERDEN und SITZPROBEN AUF ÖFFENT-
LICHEN BÄNKEN SIND EIGENSTÄNDIG DURCHZUFÜHREN geschrieben. Heute ist er froh, wieder unter deutschem Recht zu leben, wundert sich aber inzwischen auch hier über einiges,
nicht zuletzt über Sinn und Inhalt der Textbeiträge jener, die
bekanntlich zu entscheiden haben.

Justus Richter

ICH SCHMÜCKE MICH NICHT MIT FREMDEN FEHLERN

Wie Politiker sich um Kopf und Kragen reden

BASTEI
LÜBBE
TASCHENBUCH

BASTEI LÜBBE TASCHENBUCH
Band 60742

1. Auflage: Juni 2013

Dieser Titel ist auch als E-Book erschienen

Originalausgabe

Copyright © 2013 by Bastei Lübbe GmbH & Co. KG, Köln
Titelillustration: © picture-alliance/dpa
Umschlaggestaltung: Johannes Wiebel, punchdesign, München
Satz: hanseatenSatz-bremen, Bremen
Gesetzt aus der Officina Sans
Druck und Verarbeitung: CPI books Ebner & Spiegel, Ulm
Printed in Germany
ISBN 978-3-404-60742-6

Sie finden uns im Internet unter
www.luebbe.de
Bitte beachten Sie auch: www.lesejury.de

Inhalt

Vorwort

Jetzt aber mal Butta bei de Fische: Einer muss es ja machen. Oder lieber: *Einige* müssen es ja machen. Weil, einer allein wäre doof, denn dann hätte sich die Sache mit der Demokratie wohl endgültig erledigt. Da wir aber – ich nehme Sie, werte Leser, jetzt einfach mal mit ins Boot – es ganz gerne demokratisch-kuschelig haben und uns irgendwie auch die zuweilen recht fragile Auffassung von der politischen Mitbestimmung bewahren wollen, brauchen wir Politiker. Punkt. Basta. Da beißt die Maus keinen Faden ab. Und all jene, die ständig auf Politiker schimpfen, weil das irgendwie cool ist (»Äh, neee – mit Politik hab ich nix am Hut. Die lügen doch alle so furchtbar und außerdem sind sie alle korrupt und sowieso. Also wirklich nicht ...«), sollten sich schleunigst klarmachen, dass Politik ohne Politiker eben nicht funktioniert. Ist wie Fußball ohne Kicker oder Kirchenmusik ohne Organisten. Klappt nicht.

Eine ganz andere Frage ist natürlich, ob wir auch die richtigen Politiker haben. Wir kennen doch alle jenes geflügelte Wort, dass jedes Volk die Politiker hat, die es verdient, aber mal ehrlich: So furchtbar sind die Italiener doch gar nicht, oder? Und die Griechen: eigentlich total nette Leute. Die Russen sowieso: gastfreundlich, trinkfest, oft in Feierlaune. Und wir? Wieso haben wir Angie, Peer und Guido? Das sollen wir verdient haben?

Nein, wohl nicht. Es ist wohl viel eher so, dass Angie, als

sie noch Physikerin war, eigentlich 'ne ganz dufte Torte war. Vielleicht nicht unbedingt eine megaheiße Schnitte, aber irgendwie nett und abgesehen von Frisur, Gesicht und Kleidung wahrscheinlich ein echter Kumpeltyp. Zum Abhängen in der Mensa nach der Vorlesung möglicherweise gar nicht ungeeignet. »Hey, Angie! Lassen wir's krachen. Nach zwei Stunden Quantenmechanik gönnen wir uns jetzt ein Tröpfchen Kirschsaft, oder?« So hätte es möglicherweise geklungen in Leipzig oder Jena, wenn Angie nicht jenen verhängnisvollen Pfad beschritten hätte, der solche Anfragen unmöglich macht: den Kreuzweg der Politik. Oder nehmen wir Guido. Mit einem so rattenscharfen Nachnamen hätte der pickelige Naturbursche aus Bad Honnef möglicherweise als Leadsänger einer Village-People-Coverband reüssieren können: »Guido und die wilden Wellen« zum Beispiel. Oder so. Tja, ist anders gekommen.

Ist nicht mehr drin, nicht mehr machbar, aus und vorbei: Guido und Angie, Peer und die vielen Helmuts der deutschen Nachkriegspolitik, sie alle haben sich entschieden, ihr Leben auf dem Altar des Gemeinwohls zwischenzulagern. Und bei den meisten ist in einem schleichenden und von vielen zunächst wahrscheinlich gar nicht bemerkten Prozess genau das eingetreten, was man ihnen wenig später zum Vorwurf macht: Von einem vergleichsweise freundlichen, normal kommunizierenden und zugänglichen Menschen haben sie sich *peu à peu* in jemanden verwandelt, der prinzipiell eher misstrauisch ist, die Pflicht hat, sich ständig überfordert und gestresst zu fühlen, und eine Sprache pflegt, die irgendwie so klingt, als hätte man einem Tropenvogel Phrasenunterricht gegeben und ihn anschließend sediert. Fazit: Politiker werden nicht als solche geboren – die Politik verändert den Menschen. Und zwar in den seltensten Fällen zu seinen Gunsten, jedenfalls was die Wahrnehmung von außen betrifft.

Ein großartiges Beispiel für diese Theorie ist ein dem Autor selbst gut bekannter FDP-Bundestagsabgeordneter aus dem süddeutschen Raum. Vormals ein freundlicher, zugewandter Akademiker mit Idealen und einem durchaus fröhlich zu nennenden Humor, der vor allem mit ungewöhnlichen Krawatten und sandfarbenen Anzügen glänzte, verwandelte sich der Mann buchstäblich in Minutenschnelle, nachdem er den Sprung ins Parlament geschafft hatte. Über Nacht war aus dem netten Kerl ein ungemein viel beschäftigter, wahnsinnig gestresster, stets auf die Außenwirkung bedachter und sich ungemein wichtig gebärdender Phrasendrescher geworden, der eine nichtssagende Pressemitteilung nach der anderen raushauen ließ und im heimatlichen Wahlkreis auftrat, als sei er nicht vom Stimmvieh gewählt, sondern von der göttlichen Vorsehung auserkoren worden. Nun, im Falle der FDP könnte Letzteres sogar zutreffen, denn gewählt hat sie ja angeblich keiner. Schon komisch. Wie dem auch sei: Ob Bonn oder Berlin, ob Bundestag oder Landesparlament, ob Minister oder Hinterbänkler – es gelten in der Politik Regeln, die jeder zu beachten hat, der in diesen Zirkus einsteigt, und das unabhängig davon, wie sein Charakter vormals beschaffen war. Und wenn man in der politischen Debatte Gehör finden will, dann hält man sich gefälligst an diese Regeln, denn ansonsten ist die Karriere schnell vorbei. Ist vielleicht nicht schön, ist aber überall so. Nicht nur bei uns. Ehrlich.

Auf den folgenden Seiten kommen Politiker in aller Regel nicht gut weg. Denn weil sie davon leben, möglichst oft und möglichst viel zu möglichst vielen Themen zu sagen, und dabei stets überzeugend wirken wollen, rutscht ihnen ab und zu auch mal ein Wort, ein Satz, eine Stammelei raus, die im medialen Overkill unserer Tage natürlich nicht unbemerkt bleiben kann. Berufsrisiko: Wer so viel plappert, der verplappert sich eben auch. Dass dies dann so grausam ausgeschlachtet wird, hängt in der Regel nicht mit den einzelnen Personen zusammen und ist auch gänzlich unabhängig von der persönlichen politischen Haltung des jeweiligen Medienschaffenden. Es ist einfach der guten alten demokratischen Gepflogenheit geschuldet, dass ein Podest gar nicht zu hoch sein kann, um jemanden nicht hinunterschubsen zu wollen. Im Klartext: Politikern geht es wie Fußballtrainern. Sie sind offenkundig notwendig, aber jeder weiß es besser, mischt sich ein und macht sich lustig. Nehmen wir Herbert Wehner (schon tot) und Ernst Happel (ebenfalls): Könnten ein und dieselbe Person sein. Otto Rehhagel und Helmut Kohl: Biedermanns Brüder. Oder Joschka Fischer und Jürgen Klinsmann – einst waren sie junge Wilde, jetzt ... nun ja. Ihnen allen gemeinsam ist die Tatsache, dass sie an exponierter Stelle Verantwortung trugen oder noch tragen, dass sie ständig unter Beobachtung stehen und dass alle um sie herum glauben, den Job eigentlich viel besser zu können. Sie wissen schon: das Volk der Bundestrainer.

Es geht also hier nicht darum, Kübel voller Spott und Häme über Mandatsträgern auszugießen (okay, es geht nicht *nur* darum). Dieses Buch soll lediglich das erwähnte Podest ein bisschen ins Wackeln bringen. Denn eine der Eigenschaften, die den meisten Politikern im Zuge ihrer Laufbahn schon früh verloren geht, ist die Befähigung, über sich selbst zu lachen. Man darf dieses Buch also durchaus als diesbezügliche Nachhilfe verstehen.

Vorwort zwei

Ach ja. Das Folgende muss auch noch erwähnt werden, 'tschuldigung, ich weiß, niemand liest gerne Vorworte. Egal, da müssen Sie jetzt durch.

Politiker beziehen in der Regel nicht besonders gerne Stellung. Das liegt in erster Linie daran, dass es wenige Stellungen gibt, die unveränderlich sind, und dass Meinungswechsel in der Politik nicht gerne gesehen werden, vor allem wenn sie aus so unverständlichen Gründen wie »bessere Einsicht«, »eigene Überlegung« oder auch »intelligente Aufklärung« erfolgen. Das alles zählt nicht – Fraktionszwang und parteipolitische Grundausrichtung sind der eigenen Karriere zumeist förderlicher.

Doch weil der Autor dieses Buches sich auf keinen Fall dem Vorwurf aussetzen möchte, es ähnlich wie die Politiker zu halten, seine Hiebe nach allen Seiten auszuteilen, selbst aber keine Stellung bezieht, soll an dieser Stelle Klartext geredet werden: »Volksvertreter« wie Silvio Berlusconi in Italien, Georg W. Bush in den USA oder auch Wladimir Putin in Russland sind unerträglich. Diese bornierte Mischung aus einem egozentrischen Weltbild, bornierter Dummheit, mangelndem Einfühlungsvermögen, Rücksichtslosigkeit, fehlgeleitetem Sendungsbewusstsein und unbegründeter Hybris ist kaum zu ertragen. Bedauerlicherweise jedoch funktioniert diese krude Mixtur immer wieder – Arroganz und Idiotie werden in vielen Demokratien nach wie vor vom Wähler honoriert. Ein ähnliches Phänomen lässt sich auch bei Veranstaltern von Kaffeefahrten beobachten, bei denen allerdings auch noch eine hohe kriminelle Energie mit hineinspielt. Nun ja – bei mindestens zwei der drei gerade Genannten können wir dies natürlich ebenfalls nicht ausschließen.

Auch in Mitteleuropa gibt es Volksvertreter, die man ab und an gerne auf den Mond schießen möchte. Doch im Vergleich zu jenen aberwitzigen Gestalten, die ihre Legimitation aus einem Medienimperium, aus Ölkontakten oder einer Geheimdienstvergangenheit ableiten, können wir uns eigentlich nicht beschweren. Bitte denken Sie daran, wenn Sie das nächste Mal auf einen unserer eigenen Mandatsträger schimpfen: Es geht noch viel schlimmer.

Und noch ein Vorwort

Äääh – noch was: Die in diesem Buch aufgeführten Zitate lassen sich mit genügender Recherche allesamt irgendwo finden. Manche jedoch wurden übersetzt, zum Teil aus Sprachen, von denen der Autor in etwa so viel Ahnung hat wie vom Synchronschwimmen. Mein Dank gilt also an dieser Stelle vor allem zwei Freunden, die mir bei diversen Übersetzungen behilflich waren: Han Bei Wang (Honey!) aus Hongkong und Christian Roberg, Brasilianer mit deutschen Wurzeln und ein echtes Sprachwunder. Danke, Jungs. Im Falle eines Zitates aus Korea musste ich die Hilfe eines Internetprogramms in Anspruch nehmen, weshalb die Lösung noch einmal einer Nachbearbeitung und eines kreativen Inputs meinerseits bedurfte. Ich hoffe, zumindest sinngemäß ist alles korrekt.

In diesem Sinne viel Spaß
Justus Richter

Kapitel 1

»WIR PFEIFEN NICHT NACH IHRER TANZE«

DIE PEINLICHSTEN AUSRUTSCHER UND VERSPRECHER

*A*chtung, wir starten mit einem Allgemeinplatz: Politiker sind auch nur Menschen. Noch mal Achtung, denn Allgemeinplatz Nummer 2 folgt sogleich: Und Menschen machen nun mal Fehler.

Jau. So ist das. Und deswegen, so wimmern wohlmeinende Gutmenschen, müsse man doch auch bei Politikern nicht jedes Wort auf die Goldwaage legen, auch mal darüber hinwegsehen, wenn sie verbal entgleisen oder sich um Haaresbreite im rhetorischen Abseits bewegen.

Wieso? Ganz ehrlich: Haben die Damen und Herren diese besondere Schonung verdient? Denken Sie doch nur einmal an Wolfgang Bosbach. Der so gern zitierte »Unionspolitiker«, der wechselweise offenkundig für alles zuständig und für nichts verantwortlich ist, gibt sich doch schon beim Abstellen der Morgenlatte so staatstragend, dass das ZDF nicht umhinkommt, den Akt urinaler Befreiung in den ersten Nachrichten des Tages prominent zu platzieren. »Wolfgang Bosbach hingegen erklärte, sein Pullermann leiste jeden Morgen seinen Beitrag fürs Bruttosozialprodukt – es sei mittelfristig deshalb nicht hinnehmbar, wenn griechische Männer dies nach wie vor nicht täten.« Oder so ähnlich.

Okay, das Beispiel war möglicherweise ein kleines bisschen gemein, doch es gebricht den meisten Politprofis mittlerweile tatsächlich vollständig an jenen Sekundärtugenden, die einen Menschen einigermaßen sympathisch und damit auch wählbar machen: Humor, Toleranz und Selbstironie. Wolfgang Bosbach ist nicht der Einzige, der sich so ernst nimmt, als sei er die fleischgewordene Besteigung eines Achttausenders ohne

Sauerstoff – es wimmelt in den Parlamenten der Länder und des Bundes von Oberlehrern, Besserwissern und Klugscheißern. Kaum einer (oder eine) ist nicht von der eigenen Wichtigkeit so sehr durchdrungen, als wär's der Dotter im Frühstücksei. Und deshalb ist es nicht nur legitim und angebracht, sich über Pannen und Peinlichkeiten lustig zu machen – es ist geradezu ein Akt politischer Hygiene.

Ein besonders illustres Exempel an gelebter Oberlehrerhaftigkeit ist der einstige bayerische Ministerpräsident und ehemalige Kanzlerkandidat Edmund Stoiber. Der Mann macht seit jeher den Eindruck, als sei er praktisch zweidimensional auf die Welt gekommen. Er könnte der einzige heterosexuelle Teenager in der Geschichte gewesen sein, dem man als 17-Jährigem bedenkenlos die Aufsicht über eine Dessousparty im angrenzenden Mädchenwohnheim hätte übertragen können. Die stoibereigene Mischung aus faden Gedanken, fehlendem Charisma und mangelnder Fantasie wurde immer nur dann notdürftig kaschiert, wenn der Freistaatverweser im Sparkassenformat zufällig eine Rede zu halten hatte. Das wiederum muss ein Ministerpräsident allerdings recht häufig tun, was Edmund Stoiber – völlig zu Unrecht übrigens – republikweit den Ruf einbrachte, irgendwie ja doch ganz witzig zu sein. Bitte glauben Sie mir: Er war und ist es nicht. Steht man dem mittlerweile in Brüssel für die Bürokratiebekämpfung (sic!) Zuständigem gegenüber, hat man anschließend immer noch das Gefühl, sich mit einer Raufasertapete unterhalten zu haben. Doch auch solche Menschen haben das Anrecht auf 15 Minuten Ruhm – und bei Eddie »the no and never eagle« Stoiber war es seine berühmte Erklärung, mit der er den Bau einer Magnetschwebebahn zum Münchner Flughafen erklären wollte. Wahrscheinlich ist dieses Gestammel babylonischen Ausmaßes zwar mittlerweile jedermann bekannt, doch in Kapitel 4, das sich den kompliziertesten Formulierungen annimmt, lässt es sich noch mal nachlesen. Viel Spaß.

Doch zurück zur Studienratattitüde vieler Politprofis. In den Parlamenten sitzen ja bekanntlich unzählige ausgebildete Lehrer und solche, die sich mittlerweile auch ohne die entsprechende Ausbildung dazu berufen fühlen, die Welt an ihrer Weisheit teilhaben zu lassen und/oder anderslautende Meinungen wahlweise für »Blödsinn«, »immer schon Blödsinn«, »totalen Blödsinn«, »überflüssigen Blödsinn« oder auch »grundfalsch« zu halten. Ganz schwierig wird's, wenn diese anderslautenden Meinungen womöglich nicht im allgegenwärtigen Politikersprech formuliert sind, wenn sie sich also der Sprache des gemeinen Mannes bedienen, um Gehör zu finden. Ui – da zürnt der Stoiberianer sofort, da fährt er gerne übers Maul. Und konstruiert selbst zuweilen Sätze wie diesen ...

»Wir müssen den Kindern mehr Deutsch lernen.«

So sprach es Eddie »Old Scrabble« Stoiber anlässlich einer Debatte über die Integration ausländischer Kinder. Natürlich hatte er recht. Wir müssen den Kindern nicht nur mehr Deutsch lernen, wir müssen ihnen auch noch gutes Benehmen lernen. Und Rechnen müssen wir ihnen auch lernen. Und möglicherweise auch den Umgang mit Politikern, die mutmaßlich selbst nie Kind waren, denen Kinder – die Asylantenbälger, na klar, aber auch die anderen – wohl prinzipiell scheißegal sind und die Worte »lehren« und »lernen« nicht recht unterscheiden können.

Ein anderer aus der Riege der bayerischen Ministerpräsidenten, ein Herr namens Günther Beckstein, gilt als durchaus honoriger Mann, der allerdings das Problem hat, stets ein bisschen wie ein sediertes Frettchen zu wirken. Bei einer Bierzeltkundgebung in Erding zum Thema Promillegrenze beim Autofahren formulierte er die folgenden, durchaus bemerkenswerten Sätze:

»Es ist nicht das Problem, wenn einer eine Maß trinkt oder, wenn er ein paar Stunden da ist, auch zwei. ... Eine anständige Maß werden wir nicht auf den Index stellen.«

Jawollja. Genau. Da knallt sich der bayerische Hansdampf in allen Waldwinkeln die schwieligen Pranken auf die Krachlederne, bevor er sie zusammenhaut, um mit der Urgewalt des g'stand'nen Mannsbilds eine Art spontanen Beifall zu simulieren, dessen Wucht andernorts durchaus dazu angetan sein könnte, Kathedralen ins Wanken zu bringen. Da kocht die bayerische Volksseele vor Vergnügen wie eine Kohlrabi-Fritteuse, wenn der zünftige Gaudibursch sich darob gleich noch einmal eine Maß hinter die gewaltigen Kiemen schüttet.

Zur Ehrenrettung Günther Becksteins könnte man nun anmerken, dass jener, heute berühmt für die kürzeste Regierungszeit eines bayerischen Ministerpräsidenten aller Zeiten, sich als Franke dem oberbayerischen Bierzeltgehabe in etwa so verpflichtet fühlen dürfte wie Barack Obama den Bemühungen um die Gründung einer Ku-Klux-Klan-Ortsgruppe in Washington. »Könnte« man – muss man aber nicht. Denn schließlich wusste der ehemalige Innenminister, der seinerzeit Asylbewerber in bestürzender Regelmäßigkeit in populistisch-dümmlicher Manier zu Menschen dritter Klasse degradierte, ganz genau, was er da zum Besten gab. Und wenn man Volkes Seele mit derart tumben Torheiten für sich einzunehmen sucht, dann wird man damit leben müssen, dass man zukünftig nicht mehr für voll genommen, sondern für voll gehalten wird. Sternhagelvoll.

Doch nicht nur unter dem weiß-blauen Himmel des Freistaats, dort wo tatsächlich bereits das Tragen einer speckigen Lederhose als Kulturgut gelten darf und »Holz vor der Hütt'n« nichts mit Brennmaterial in der Nach-Gazprom-Ära zu tun hat, nein, auch in weit weniger exotischen Landstrichen werden munter rhetorische Frontalschäden produziert. Wie anders ist der folgende Satz des berühmtesten Oggersheimers aller Zeiten zu bewerten, der da folgende kühne These formulierte:

»Amerika ist, wenn Sie so wollen, ein Kontinent.«

Ja, stimmen wir ihm da begeistert zu, ja und noch mal ja – genau so wollen wir Amerika. Im Ganzen. Als Kontinent. Nicht als irgendein läppisches Inselchen auf der anderen Seite des Ozeans, nicht als Friedhof der letzten Mohikaner, nicht als verquastes Ghetto der Geografie. Nein, Amerika *muss* einfach als Kontinent durchgehen – danke, Helmut, dass du uns die Wahl gelassen hast. Apropos Helmut: Der Kanzler der Einheit hatte in den gefühlten 136 Jahren seiner Amtszeit so viele sprachliche Perlen, jede groß wie ein Pfälzer Saumagen, vor das hungrige Volk fallen lassen – und in unserer Best-of-Liste am Ende dieses Kapitels sind einige davon natürlich auch vertreten. Um Ihnen das Warten bis dahin nicht zu lang werden zu lassen, folgen an dieser Stelle zwei Appetithäppchen à la Birne. Bitte sehr:

»Die Schwierigkeit ist das Problem.«

Oder auch:

»Die meisten unserer Frauen im Land sind weiblich.«

Aaaah. Das ist so erfrischend wie ein Landregenguss im griechischen August, wobei man sich über die Griechen ja bekanntlich auch nicht mehr lustig machen darf. Wie anders wäre es zu erklären, dass der folgende, eigentlich doch so witzige kleine Versprecher des ehemaligen französischen Präsidenten Nicolas Sarkozy in der griechischen Exilgemeinde rund um Paris so viel Empörung auslöste:

»Natürlich wollen wir Griechenland im Euroraum behalten. Es wäre fatal, den Menschen dort das Gefühl zu geben, sie seien Europäer.«

Zugegeben, das Wörtchen »keine« kann man in der Hitze des Gefechts schon mal vergessen. Und ganz ehrlich: Wahrscheinlich haben die Griechen ohnehin bald keinen Bock mehr, in Europa zu bleiben. Hätten sie ein paar ordentliche Gen-Experimentierer und wüssten sie genau, wo Alexander der Große begraben liegt, dann hätten sie sich mutmaßlich schon lange einen Eroberer geklont und den Rest des Kontinents frisch gemacht. Aber so ...

Übrigens: Auch Guido Westerwelle, jener Politiker, der einst mit dem quietschgelben FDP-Mobil als politischer Geisterfahrer den Horizont verunsicherte und später als Außenminister so auffällig wie ein Parkscheinautomat in Hamburg-Altona agierte, ließ ausgerechnet bei seiner allerersten Rede vor der UNO ein entscheidendes Wörtchen aus:

»Die für 2012 geplante Konferenz zur Einrichtung einer Zone von Massenvernichtungswaffen im Nahen Osten ist eine große Chance für Frieden und Sicherheit in dieser Region.«

Die folgende Preisfrage ist nun eher etwas für Sprachtüftler: Welches Wörtchen fehlte hier wohl? Na? Na? Kommen Sie garantiert gar nicht so leicht drauf, deswegen die Auflösung: »frei«. Yep, »frei von Massenvernichtungswaffen« wollte er sagen, und hätte er stattdessen einfach »ohne« gesagt, wäre ihm viel Häme erspart geblieben. Andererseits, was soll's? Bei Guido kam's und kommt's eigentlich schon nicht mehr drauf an. Der Mann war und ist mutmaßlich der einzige lebende Politiker, der den völligen Verfall seiner Popularität mit dem Sekundenzeiger messen konnte.

Obwohl: Dem lebenden Multiple-Choice-Verfahren bei der Vornamensgebung, dem Plebs besser bekannt als Karl Theodor Freiherr zu Guttenberg, Exsenkrechtstarker, Exminister und vor allem Exdoktor, ging's ja irgendwie ähnlich. Wenngleich auch aus anderen Gründen. Abgekupfert habe der Mann bei seiner Doktorarbeit im großen Stil, warf man ihm vor, und dass sich dieser fleischgewordene Karriereknick in der nun fälligen Bundestagsdebatte zum heiklen Fall auch noch mit den Worten ...

»Ich schmücke mich nicht mit fremden Fehlern«

rechtfertigen wollte, konnte seiner Popularität auch nicht mehr den rechten Schub verleihen. Stärkte eher sein neues Image als Opfer der Comedians, deren hervorstechendstes Merkmal es übrigens ist, dass sie ständig voneinander abkupfern. Was einmal witzisch war, kann die nächsten zehn Mal nicht verkehrt sein. Simple Gleichung. Passt. So schließt sich der Kreis.

Häufig wirft man Politikern ja auch vor, sie hätten sich zu weit vom gemeinen Volk entfernt, könnten gar nicht mehr abschätzen und einordnen, was die Frau und den Mann auf der Straße tatsächlich bewegt. Umso erfreulicher ist es, wenn während einer Bundestagsdebatte auch mal ein Redebeitrag genau das Gegenteil zu belegen scheint. Da hat sich jemand nämlich offenbar Gedanken darüber gemacht, dass es auf deutschen Friedhöfen einfach zu voll werden könnte. Schließlich wird permanent gestorben, man weiß schon seit Jahren nicht mehr wohin mit den ständig Ablebenden. Vor allem die Opfer des Straßenverkehrs, so Dr. Peter Ramsauer, seines Zeichens Bundesverkehrsminister, sind offenbar besonders sperrig. Wie sonst wäre sein folgender Aufruf zu erklären?

»Die Verkehrstoten müssen halbiert werden!«

Recht so, denn bekanntlich sind ja vor allem die Verkehrstoten echte Raumfresser auf den Gottesäckern. Schade nur, dass die Stenografen des Bundestages aus diesem gut gemeinten Vorschlag ein »Die Zahl der Verkehrstoten muss halbiert werden« machten. Ist irgendwie nicht mehr so griffig, kommt nicht mehr ganz so entschlossen rüber. Traurig. Da verschwindet das Bild der bluttriefenden Kettensäge aus dem letzten Zombie-Schocker ganz flott aus unseren Fantasien. Mist. Alles wird verwässert. Und dann will wieder niemand für die Platzgier der Überfahrenen und Überfahrenden zuständig sein. Schandhaft.

Dem ehemaligen Bundespräsidenten Heinrich Lübke, ein wackerer Mann von einer durchaus sinistren Lebensart, der sich allerdings auf dem glatten Parkett der Diplomatie nicht immer mit der notwendigen Sicherheit bewegte, werden heute jede Menge peinlicher Versprecher und Ausrutscher nachgesagt. Genauere Recherchen förderten jedoch zutage, dass die meisten dieser angeblichen Lübke-Zitate entweder nicht ganz korrekt überliefert wurden oder teilweise auch frei erfunden sind. Blöd, denn allein damit hätte man ein halbes Buch füllen können. Die beiden besten angeblichen Lübke-Aussetzer sollen dennoch zu Ehren kommen, denn wenn sie möglicherweise auch bloße Legende sind, so schmücken sie doch jede Zitatensammlung. So soll der gute Mann beim Besuch der englischen Königin in der Oper gesagt haben:

»Equal goes it loose«,

um seinen hohen Gast darüber zu informieren, dass die Show jederzeit beginnen könne. Und in einem afrikanischen Land begrüßte er angeblich während eines Banketts die Gäste mit den Worten

»Meine Damen und Herren, liebe Neger«.

(Wobei der eine oder andere natürlich anmerken mag, dass in manchen Wohnzimmern rund um Hoyerswerda bis zum heutigen Tag nicht verstanden wird, was daran so komisch sein soll.)

Und wenn wir schon bei den Präsidenten sind, wollen wir einen Ausspruch des französischen Exgenerals und Staatenlenkers Charles de Gaulle nicht unter den Tisch fallen lassen, der anlässlich einer Rede vor Studenten in Toulouse die folgende Prophezeiung wagte:

»Wenn dieser Tag kommen sollte, dann ist er da.«

Wahrlich, ich sage euch, er, der da sein wird, wird da sein und wird allhier sein, so er denn da sein wird, auf immerdar. Klingt ein bisschen wie aus dem *Leben des Brian*, oder? Deutlich peinlicher war da schon ein Ausspruch des amerikanischen Präsidentschaftskandidaten Mitt Romney im Oktober 2012. Der Republikaner, der sich gegen Barack Obama versuchen durfte, erzählte im zweiten TV-Duell der Kontrahenten, wie er als Gouverneur von Massachusetts nach weiblichen Bewerbern für sein Kabinett gefahndet hatte – und sich dafür

»Ordner voller Frauen«

habe bringen lassen. Nun sind solche »Ordner voller Frauen« eigentlich nichts Ungewöhnliches. In niederbayerischen Dörfern kursierten sie in den Achtziger- und Neunzigerjahren noch zuhauf, doch seitdem auch rund um Deggendorf das Internet angekommen ist, bestellt man sich die Thailänderin lieber online nach Hause. Ist diskreter. (Dies gilt übrigens auch für polnische Putzfrauen, scharfe Ischen aus Wladiwostok und heiße Schnitten aus Nigeria. Niemand soll diesem Buch nachsagen, es hätte Probleme mit bestimmten Nationalitäten und wolle Frauen in irgendeiner Form ausgrenzen.)*

Um die mittlerweile möglicherweise etwas gereizte Stimmung der Leserinnen zu entspannen, sei an dieser Stelle ei-

---

*Anm. des Verlags: Wir distanzieren uns aufs Schärfste von der hier zu lesenden menschen- und frauenverachtenden Form der Darstellung.
Anm. des Autors: Es tut mir leid, nur Niederbayern erwähnt zu haben. Auch in Brandenburg, das mittlerweile mit Frauen ebenso gesegnet ist wie die Wüste Gobi, kann man Brüste und den Rest mittlerweile über DSL-Flatrates bestellen. Soll niemand sagen, der Osten wäre diesbezüglich rückständig. Nochmals sorry.

nes angemerkt: Der überwiegende Teil der verbalen Peinlichkeiten, die auf den folgenden Seiten festgehalten sind, stammt von Männern. Nun könnte man argumentieren, dass es einfach wenig bekannte Frauen in der Politik gibt, doch haben Untersuchungen tatsächlich ergeben, dass Frauen in gehobenen Positionen und Ämtern sich weit weniger häufig versprechen als ihre männlichen Kollegen. »Weniger häufig« jedoch bedeutet keinesfalls nie, wie das folgende, wirklich wunderschöne Beispiel für eine freudsche Fehlleistung beweist. Bitte sprechen Sie den Satz einfach kurz und laut nach, und wenn Sie das gerade nicht können, dann lassen Sie ihn sich wenigstens auf der Zunge zergehen. Denn es sprach die Kanzlerin, bei einer Rede in Anwesenheit des ehemaligen hessischen Ministerpräsidenten:

»Lieber Roland Kotz ... ähm ... Koch!«

Ängie, Ääääängie (um mal mit den Stones zu sprechen) – allein für diesen Satz verzeihe ich dir deine Frisur und die Herkunft aus der Uckermark. Du magst zuweilen reden, als wärst du statt einer promovierten Physikerin eine frustrierte Kindergartentante, du bildest ab und an Sätze, die sich ausnehmen wie die Sprechblase eines taumelnden Teletubbies, und deine Mimik bei wichtigen Reden kommt rüber, als müssten deine Mundwinkel ganz dringend mit Hartschaum aufgepolstert werden, aber für diesen einen kleinen Ausrutscher sei dir all dies nachgesehen. Finden Sie nicht auch? Oder erinnern Sie sich womöglich gar nicht mehr an Roland Kotz ... ähm ... Koch? Der »brutalstmögliche« Aufklärer? Der Mann, dessen Wahlkämpfe irgendwo zwischen dunkelbraun und offen rassistisch changierten, dessen Speichelfluss die Sahelzone bewässert hätte und dessen wertkonservative Einstellung ganz ohne Werte auskam? Diesen Mann kann man nicht vergessen. Denken Sie einfach an ein Gefühl beklemmender Übelkeit in Verbindung mit einem pockennarbigen Albtraum. Dann fällt Ihnen auch das Gesicht wieder ein.

Zwischendurch – Sie haben vielleicht schon drauf gewartet – mal wieder ein klitzekleiner Kohl:

»Ich weiß nicht, was mein Freund Mitterrand darüber denkt, aber ich denke genauso.«

Jau. Das tat er dann, der Pfälzer Bub. Der Strickjackenhelmut. Der Landschaftenblüher. Nur nicht auf Französisch. Denn Französisch kann und konnte er nicht. Musste er auch nicht. Deutsch konnte er schließlich auch nie. Kein Hindernis. Hätte er Französisch gekonnt, und hätte er die Gedanken seines Kumpels aus dem Élysée-Palast tatsächlich lesen können, dann hätte er mutmaßlich irgendwann bemerkt, dass dieser a) ständig an Weiber dachte und b) ihn (Helmut) für einen kultur- und niveaulosen Provinztrottel hielt. Wahrscheinlich. Mutmaßen wir hier mal so. Trauen wir dem beglatzten Snob aus Paris einfach zu. Und bevor Sie, werte Leser, nun übermütig werden und denken, so einer wie der Helmut, so einer kommt uns nicht mehr ins Haus, sei Ihnen seine folgende Überlegung ans Herz gelegt:

»Die jungen Leute in Deutschland sind prima. Sie stammen ja auch von uns ab.«

Jetzt aber aufgemerkt und nachgedacht! Was bedeutet in diesem Zusammenhang »uns«? Ist das der gewöhnliche Pluralis Majestatis des Potentaten, oder steckt da mehr dahinter? Ist etwa der Verdacht begründet, es habe mehr als einen Kanzler Kohl gegeben? Einen Zwilling gar? Oder einen Klon? Verdachtsmomente bestehen zuhauf: War es nicht sonderbar, dass er trotz offenkundiger achtzig Kilo Übergewicht und einer für ihn lebensfeindlichen Umgebung mit zuweilen intelligenten Menschen, die richtige Sätze sprechen konnten, so lange die Republik regierte? War er nicht irgendwie immer allgegenwärtig? Immer da, wo man ihn niemals vermutet hätte? Stets dort, wo man ihn nun wirklich nicht sehen, hören und riechen wollte? Wie konnte er Strauß, Schmidt und Schäuble überstehen, wie konnte diese GAP (Größte anzunehmende Peinlichkeit) echte politische Macht ausüben? Die Antwort kennt wahrscheinlich nur Norbert Blüm, denn der hat den Kanzler ja ständig von unten beobachtet und muss die seit Langem vermutete Teilung durch die Aussendung sprechender Hämorrhoiden einige Male beobachtet haben. Fragen wir ihn doch einfach mal. Nobby? Noooooooby? Ja, wo isser denn? Mist, hoffentlich ist da nicht wieder einer draufgetreten.

Und wenn Sie jetzt schon glauben, schlimmer ginge es nimmer, dann werden Sie von den folgenden Seiten überrascht sein. Denn: *We proudly present* unsere Top 12 der schlimmsten Politikerausrutscher, -versprecher und -peinlichkeiten.

Wir beginnen mit einem guten alten Bekannten, dem bayerischen Rhetorikpapst Edmund Stoiber. Das lebende Äh verfügt bekanntlich selbst über eher wenig Humor, freut sich aber, wenn er mal darüber sprechen darf.

PLATZ 12:

»Wir beide haben Humor. Sie ... äääh ... in der Praxis!
Ich ... ähm ... in der Theorie.«

So beschrieb Edi seine Ehe, so sprach Edi über sich und seine Angetraute. Mal davon abgesehen, dass Edis Gattin in etwa so humorvoll rüberkommt wie Lucrezia Borgia, könnte die Formulierung doch auch stellvertretend für eine ganz bestimmte Haltung des großen Zerstoibers stehen – eine von Psychologen gerne als »Stellvertretermentalität« bezeichnete Idee vom eigenen Ich. So *könnte* die bayerische CSU *theoretisch* eine durchaus demokratische Partei darstellen, *in der Praxis* jedoch ist sie eher eine Abnicktruppe für Verbalinjurien. Edmund Stoiber himself *könnte theoretisch* tatsächlich ein fleißiger und begabter Ministerpräsident gewesen sein, *in der Praxis* hatte er den Charme einer Kühltruhe, die Empathie eines Gerinnungsmittels und die Redegewandtheit eines Maiskolbens. Tja, zwischen Theorie und Praxis klaffen manchmal riesige Lücken, was uns nicht nur bezüglich des stoiberschen Ehelebens verdammt nachdenklich stimmen sollte. Allerdings: Neulich hörte der Autor den beinahe altersmilden Edmund S. in einem Radiointerview – und da war der Mann ... nun ... ähm ... wie sag ich's jetzt ... doch: Also, da war er irgendwie gar nicht so peinlich wie früher. Man musste sich nicht für jeden zweiten Satz fremdschämen. Er salbaderte kaum, floskelte wenig und hatte immer wieder mal Momente, in denen er fast witzig rüberkam. Irre, oder? Die Zeit kann so viel bewirken ... seufz.

Nach diesem kleinen Ausflug in die Populärphilosophie, Seminar »Allgemeinplätze, die keiner braucht«, kommen wir nun zu Platz 11. Und was denkt der gemeine Leser angesichts dieser Zahl? Na? Richtig: Elf Freunde müsst ihr sein. Und dies führt uns zum Fußball, und dies wiederum führt uns zu ...

PLATZ 11:

»Ich bin kein vollständiger Fußballlaie, ich kenne immerhin den Unterschied zwischen einem Strafstoß und einem Elfmeter.«

Kennen Sie den Unterschied auch? Also: Das eine ist, wenn der Schiedsrichter pfeift und die einen schimpfen und die anderen auch, und dann schießt einer meistens den Ball ins Tor. Und das andere ist ... äääh ... also das andere ist genauso. Den Unterschied, von dem Helmut Kohl hier einst parlierte, den vermag der gewöhnliche Sterbliche nicht zu erkennen, denn ein Strafstoß ist ein Elfmeter ist ein Strafstoß ist ein Elfmeter und so weiter ... Gertrude Stein lässt grüßen. Kurzum: Handelt sich um ein und dieselbe Sache, sind nur verschiedene Wörter. So wie Verstand und Intellekt. Obwohl – das war jetzt ein schlechtes Beispiel. Nehmen wir lieber doof und dämlich. Oder mollig und fettleibig. Jeweils zwei Wörter – eine Bedeutung. Klar jetzt, Birne?

Nicht immer jedoch müssen kleinere Ausrutscher unserer Politgrößen gleich zu plärrenden Lachkaskaden führen – zuweilen sind sie so unangenehm unangebracht, dass sie viel eher mit einem fremdschämenden Hüsteln des jeweiligen Gegenübers unter den Teppich gekehrt werden, wo sie besser bleiben sollten. Oder wie sonst wäre das peinlich berührte Schweigen des Auditoriums zu erklären, das bis dato mehr oder weniger aufmerksam einer Bundestagsrede des ehemaligen Justizministers Hans A. Engelhard (FDP) gelauscht hatte:

PLATZ 10:
»In der Frage der Todesstrafe ziehen wir doch alle an einem Strang.«

Ja. Hmmpf. Also. Nun. Was soll man dazu sagen? Wahrscheinlich haben Sie jetzt gerade eben auch einen ganz bestimmten Strang vor Augen. Mit einer Schlinge dran. Und einem Kopf ... Genug jetzt. Sie wissen schon. Dennoch geht es natürlich nicht an, dem ehemaligen Bundesjustizminister, einem Mann mit dem Charisma einer Mottenkugel, gar eine Henkersmentalität zu unterstellen. Ein bisserl peinlich jedoch war's wohl auf jeden Fall – ist ungefähr so, als würden Sie im Rüdesheimer Fruchtbarkeitszirkel über moderne Verhütungsmethoden philosophieren.

Aber kommen wir jetzt noch einmal zu jenem Mann, der die deutsche Sprache in den segensreichen Jahren seiner Amtszeit so unglaublich bereichert hat – natürlich zu Edmund Stoiber. Der Gottseibeiuns des Kanzleramtes war unter anderem auch bekannt dafür, dass er Superlative nicht immer ganz glücklich einzusetzen wusste. Um das besser zu verstehen, sprechen Sie doch mal die folgenden Wendungen laut vor sich hin und beobachten dabei die Reaktionen der Umstehenden: »Die bezauberndste Pestepidemie«, »Der grausamste aller zarten Küsse« oder auch »Die geilste Welpentötung«. Das Stoibernator-Prinzip verstanden? Ja? Gut, dann können wir uns ja den folgenden Satz einfach mal reinziehen:

PLATZ 9:

»Wir sind das Land, das am wenigsten Arbeitsplätze abbaut. Wir sind Schlusslicht im Abbau der Arbeitsplätze.«

Aha. Und außerdem sind wir noch das Land, das am allerwenigsten Mörder hat. Wir sind Schlusslicht in der Mordstatistik. Und außerdem noch Schlusslicht bei den Cholerakranken. Und ganz hinten sind wir auch bei den Analphabeten. Also bei denen, ich sag Ihnen: Da sind wir so was von abgeschlagen. Wir sollten uns was schämen.

Und damit zu etwas völlig anderem: Politiker leben zu einem Gutteil von ihrem Gedächtnis. Oder sollten dies zumindest. Nichts bindet einen potenziellen Wähler enger an den Wahlkreiskandidaten, als wenn dieser bei der zweiten Begegnung tatsächlich noch den Namen des querulanten Störenfrieds vom letzten Politstammtisch in Unterundwosonstnochdorf im Kopf behalten hat. Ein »Ja, Herr Stablmayr, Sie sind ja auch hier ...« wirkt wahre Wunder, verwandelt selbst den renitentesten Störer in Sekundenschnelle in einen errötend nickenden Bewunderer und mehrt Ruhm und Ansehen des Aspiranten in schwindelerregendem Tempo. Zwar weiß der gemeine Pöbel natürlich nicht, dass der Name »Stablmayr« dem vermeintlichen Gedächtnis-Guru Sekundenbruchteile zuvor von einem Adjutanten ins stets aufnahmebereite Ohr genuschelt wurde, aber auch Zuhören und das schnelle Verarbeiten des Info-Bröckchens sind Eigenschaften, die den fähigen Stimmenjäger auszeichnen. Umso schlimmer also, wenn ein hochrangiger Vertreter der Kaste Probleme hat, sich die Namen der anderen Wichtigtuer zu merken, und ganz und gar peinlich wird's dann, wenn es ausgerechnet um die bekannteste Frau im Lande geht:

PLATZ 8:
»Es ist Ihr Land und nicht das von Andrea Merkel.«

Andrea Merkel. Oder, wie wir zärtlich sagen, Ändy Merkel. Moment. Andy Merkel? Ist das nicht dieser teutonische Kicker, der seit Jahren in Italien spielt? Wen aber könnte Dirk Niebel, jener Mann, der das Bundesentwicklungshilfeministerium vor der Bundestagswahl 2009 hatte abschaffen wollen und von der Kanzlerin anschließend perfiderweise zum Bundesentwicklungshilfeminister gemacht wurde, tatsächlich meinen? Damit sind wir natürlich schon bei der Auflösung, denn natürlich meinte Dirk Niebel, dessen Mienenspiel dem von Ottfried Fischer gleicht, wobei Fischer wenigstens eine Parkinson-Entschuldigung vorbringen kann, unsere geschätzte Super-Angie, die Inge Meysel Berlins, Mutti Angela, Merkel die Große, die nicht – ich wiederhole: NICHT – Andrea heißt. Mensch, Dirk, pass doch mal auf ...

Andrea heißt dafür ganz sicher die folgende Dame, deren schlichter Vorname allerdings nicht darüber hinwegtäuschen kann, dass man mit ihrem Nachnamen zum Star jeder anspruchsvollen Stadt-Land-Fluss-Runde werden kann: Politiker mit Y ... schnell:

PLATZ 7:
»Ich bin in Rüsselsheim als Sohn eines Opel-Arbeiters geboren.«

So sagte es die echte Andrea, Nachname Ypsilanti, die in Hessen angetreten war, den Sozis wieder zum Sieg zu verhelfen und Roland Kotz ... ähm ... Koch hinwegzufegen, allerdings daran scheiterte, dass sie eine Koalition mit den Linken ursprünglich ausschloss und sich später mithilfe der Roten Socken doch noch zur Ministerpräsidentin küren lassen wollte. Das war zwar irgendwie rührend verständlich, aber andererseits eben doch nicht so ganz koscher, sodass die Zeitung, über die man sich keine Meinung bilden sollte, wenn man gerade gegessen hat, sie einfach »Lügen-Ypsilanti« oder so ähnlich taufte. Und dann war's mit dem schnellen Aufstieg auch schon wieder vorbei. Tja. Schade. Aber was kann man vom weiblichen Sohn eines Opel-Arbeiters auch anderes erwarten?

Zur Ehrenrettung von A. Y. darf allerdings durchaus das folgende Zitat herangezogen werden, das beweist, wie schwierig familiäre Zusammenhänge zuweilen sein können. Außer Konkurrenz: »*Ich weiß, was es heißt, Mutter von drei kleinen Kindern zu sein*«, so sprach der (oder die?) Stoiber-Edi.

Über die Toten soll man bekanntlich ja nichts Schlechtes sagen, und deswegen nennen wir an dieser Stelle einfach nur einen Namen: Manfred Wörner. Einstmals war er Verteidigungsminister und kam in dieser Eigenschaft zuweilen so schneidig daher, als hätte er erst Minuten zuvor sein Landgut in Ostpreußen gegen die roten Horden verteidigt. Der folgende Lapsus sei ihm deshalb auch verziehen:

PLATZ 6:
»In dieser Frage besteht keine offene Frage mehr.«

Wobei man sich nun fragen sollte, ob Fragen nicht ohnehin sinnlos sind. Doch bevor wir uns zu tief durch die Eingeweiden fragloser Fragestellungen wühlen, lassen wir auch mal einen ausländischen Stargast zu Wort kommen. Wer wusste wohl im Februar 2006 das Folgende?

PLATZ 5:
»Ein niedrigeres Wahlergebnis ist ein Zeichen, dass weniger Leute zur Wahl gehen.«

So – und jetzt raten Sie doch mal flott, von wem diese Erkenntnis stammen könnte. Kleiner Tipp: Er ist das genaue Gegenteil von Adam Riese, und die Zahl seiner IQ-Punkte lässt sich am Daumen einer Hand abzählen. Schon erraten? Nein? Okay, die Rede ist natürlich von George Dabbljuh Bush, der seine rechnerischen Fähigkeiten oft und gerne einem staunenden Publikum präsentierte. »Ich und Dick saßen gestern zusammen, aber selbst zu dritt waren wir nicht in der Lage, das gesamte Problem zu überblicken.« So sagte es Mr. President auf einer offiziellen Pressekonferenz auf die Frage, welche Auswirkungen die Weigerung mancher europäischer Bündnispartner, sich am Irakkrieg zu beteiligen, haben könnten. Und man möchte hoffen, dass der unsichtbare Dritte in dieser Runde nicht Georges leibhaftig gewordenes Alter Ego war, denn sonst müssten wir an der Lehre von der Fleischwerdung in ihrer Gesamtheit zweifeln. Egal, schon die Theorie zum Wahlergebnis macht uns staunen, da kommt's auf weitere Aussetzer nicht mehr wirklich an.

Auf Platz 4 findet sich zur Abwechslung mal wieder eine Frau, auch wenn diese bekanntlich schon eine ganze Weile nicht mehr unter uns weilt: Petra Kelly.

PLATZ 4:
»Und da tut es gut, mal Nägel mit Köpfen zu schlagen.«

Dies sagte die ehemalige Frontfrau der Grünen am Rande eines der ersten Parteitage ihrer Gruppierung, und angesichts des Chaos, das bei diesen Veranstaltungen in den Gründerjahren herrschte, konnte man ihr – frei nach Lothar Matthäus – getrost raten, trotz dieses kleinen Versprechers nicht gleich den Sand in den Kopf zu stecken, zumal die Vorstellung der hämmernden Köpfe ja irgendwie auch schon wieder charmant ist. Zumindest so lange, bis man sich vorstellt, wie sie auf die Nägel treffen. Übrigens hat auch Guido Westerwelle – Sie erinnern sich: der Anglistikexperte mit einem Faible für Kassengestelle – schon sehr goldig die Begrifflichkeiten vermengt: *»Wir pfeifen nicht nach Ihrer Tanze.«* Hübsch, nicht wahr? Und wirkt irgendwie auch so entschlossen.

Und jetzt die Fanfare bitte, denn wir kommen zum Stockerl, wie es unsere alpenländischen Freunde so gerne titulieren. Auf Platz 3 unseres Podiums hat es Super-Angie geschafft, die Ulknudel aus der Uckermark, die trotz der Freudlosigkeit der Regierungsverantwortung noch die Zeit findet, sich auch mit den einfachen Menschen und ihren einfachen Problemen auseinanderzusetzen. Nehmen wir doch zum Beispiel unsere älteren Mitbürger, über welche die Königin der Pastelltöne die folgende Weisheit kundtat:

PLATZ 3:
»Dass das Risiko für einen älteren Arbeitnehmer, wieder eine Arbeit zu bekommen, größer ist ...«

Stopp. Jetzt mal bitte nicht kichern. Wieso gehen wir eigentlich alle so leichtfertig davon aus, dass Angie sich versprochen hat? Einfach so verplappert? Betrachten wir diesen Teilsatz doch mal ein bisschen genauer, gehen wir in die Analyse, und dafür ziehen wir am besten ein Fallbeispiel zurate. Also, nehmen wir doch nur mal so zum Spaß an, Roland Koch wäre mit seinem neuen Job in der Wirtschaft nicht mehr glücklich. Oder meinetwegen auch Gerhard Schröder. Vielleicht wird der bei Gazprom ja gemobbt. Hat keinen Bock mehr. Will zurück in die Politik. Die beiden – Koch und Schröder – gehören ja nun eindeutig schon zur Generation der »älteren Arbeitnehmer«, oder? Da sind wir uns doch einig? Und nun stellen wir uns doch einfach mal vor, Roland »Scarface« Koch käme ins Konrad-Adenauer-Haus und würde sagen: »Hallo, Jungs – da bin ich wieder. Habt ihr was für mich zu tun?« Und Gerhard rüttelt erneut am Zaun des Kanzleramtes und schreit: »Da will ich wieder rein!« Irre Vorstellung, was? Da würden die Söders und die Steinbrücks, die Gabriels und die Pofallas aber reihenweise aus den Latschen kippen. Die Dinos? Wollen wiederkommen? Evakuiert das Parlament, rette sich, wer kann. Und unter diesem Gesichtspunkt könnte Angela das mit dem Risiko doch durchaus wörtlich gemeint haben. Nicht auszudenken, wenn Helmut Schmidt, der Jopi Heesters der Terroristenjagd, die Inkarnation des Deutschen Herbstes, in seinem gesegneten Alter noch einmal antreten wollte. Die würden den glatt wählen. Und dann? Essig mit dem Rauchverbot im Kabinett.

Und da wir schon bei dem einen Helmut sind, der sich bedauerlicherweise so gut wie nie versprochen hat, was daran liegen könnte, dass er vor dem Plappern nachdachte, hieven wir seinen einstigen Rivalen und Nachfolger im verschnarchten Kanzleramt zu Bonn, den anderen Helmut, auf den zweiten Platz:

PLATZ 2:
»Bei einem guten Koalitionsklima, wo wir pfleglich miteinander untergehen ... ähm ... umgehen.«

Warum in der Ferne schweifen, wo das Gute liegt so nah? »Umgehen« und »untergehen« – zwei ganz wichtige Tuworte, deren Bedeutungsunterschiede im politischen Alltag weit geringer ausfallen, als der Laie sich dies denken mag. Denn der politische Mensch ist dem anderen bekanntlich noch weit mehr ein Wolf als Otto Normalverbraucher seinem arglosen Artgenossen, und vor allem der Gemütsmensch aus Oggersheim pflegte im Laufe seiner politischen Endlosschleife eine Art des Umgangs, die den Untergang zahlreicher Kollegen in schwindelerregendem Tempo beförderte. Im Zusammenhang mit dem schwerblütigen Pfälzer Ackergaul von Stutenbissigkeit zu sprechen, ist natürlich ein paradierendes Exempel für einen Vergleich mit Klumpfuß, doch tatsächlich gelang es H. K. in all den Jahrzehnten, jeden potenziellen Gegner in den eigenen Reihen mit erbarmungsloser Jovialität wegzubeißen. Insofern beschreibt der »pflegliche Untergang« das Klima jener Jahre durchaus nicht verkehrt.

PLATZ 1:

Der Spitzenplatz gebührt einem, der sich schon auf den hinteren Rängen dieser illustren Rangliste einen Namen wie Donnerhall gemacht hat: Wem sonst als *the one and only* Edmund Stoiber? Er war es, der einst jenes epocheprägende Bonmot von »Laptop und Lederhose« ersann, woraufhin sich nach Jahren der funktionierenden Assimilation fortan wieder jeder einigermaßen gebildete Bajuware fragen lassen musste, warum er denn, bitte schön, keine Lederhose trage. Der Laptop wurde, wie übrigens sonst auch überall, irgendwann vorausgesetzt – und sowieso hielt kein Mensch außerhalb des Freistaates die Bayern für so rückständig, wie diese glaubten, von außen gesehen zu werden. Zu komplizierter Satz? Och, 'tschuldigung. Dann ziehen Sie sich doch einfach mal den Spitzenreiter rein:

»Wenn heute eine Familie ein Kind bekommt, eine Frau mit ihrem Mann oder umgekehrt.«

Oder umgekehrt. Wenn also ein Mann mit ihrer Frau ein Kind ... Oder eine Familie mit ihrer Mann ... oder die Frau mit der Familie ... Oder wenn ein Kind eine Familie bekommt mit einem Frau ... oder so ... dann, ja dann ... dann bekommt die Frau wohl eine Familie. Oder einen Kind. Oder auch nicht. Vielleicht auch umgekehrt. Wer weiß das schon? Ist ja auch egal. Hauptsache verheiratet.

Kapitel 2

»EINE ZEITWEISE FALSCHE DARSTELLUNG IST, WENN SIE DER ERLANGUNG DER WAHRHEIT DIENT, ENTSCHULDBAR«

DIE GRÖSSTEN LÜGEN, HALB- UND UNWAHRHEITEN

*K*önnen Politiker überhaupt lügen? Zugegeben, diese Frage mag ein wenig seltsam klingen – denn ist es nicht der Vorwurf schlechthin, den man Politikern im Allgemeinen macht: dass sie lügen, bis sich die Balken biegen? Doch definiert man das Wort »Lüge« aus der Sicht eines Politikers, dann kommt man wohl um eine Relativierung tatsächlich nicht herum: Fast jeder gewählte Volksvertreter wird bereitwillig zugeben, schon einmal die Unwahrheit gesagt zu haben, wird jedoch standhaft behaupten, niemals bewusst gelogen zu haben.

Was sich liest wie die Quadratur des Kreises, ist aus Sicht der Parlamentarier durchaus nachvollziehbar. Denn – und damit folgt der Griff ins rhetorische Gemächt des politischen Sprachverständnisses – Lüge und Unwahrheit unterscheiden sich vor allem deshalb, weil die Unwahrheit höchstwahrscheinlich entweder auf a) Unwissenheit oder b) Mangel an Information oder c) geänderte Verhältnisse oder auch d) alles zusammen zurückzuführen ist. Wenn also Edmund Stoiber in einem Interview Ende der neunziger Jahre erklärt, er wolle niemals Bundeskanzler werden, und wenig später der Kandidat von CDU und CSU wird, so ist das aus seiner Sicht keine Lüge. Er wird stattdessen anführen, dass er zum einen nicht wusste, dass ihn die christlichen Parteien so sehr zur Kandidatur drängen würden (stellen Sie sich an dieser Stelle bitte ein verkrampftes Augenzwinkern beim Autor vor, nicht unähnlich den Folgeerscheinungen eines Schlaganfalls ...) und dass sich die politischen Rahmenbedingungen seit der besagten Aussage so sehr verändert hätten, dass sich eben auch seine Vorstellungswelten zwangsläufig ändern *mussten*. Und jetzt versuchen Sie mal, ihm das zu widerlegen ...

Mal abgesehen davon, dass bayerische Ministerpräsidenten seit jeher ein chronisches Unvermögen an den Tag legen, sich zu Ambitionen auf das Bundeskanzleramt zu bekennen (siehe Platz 12 unserer noch folgenden Hitliste) – und mit den nach angepasster Stimmungslage dann doch kühn unternommenen Versuchen bislang auch chronisch erfolglos blieben –, verdeutlicht dieses Beispiel die Wucht des folgenden Zitats sehr schön. Diese Sätze übrigens stammen von einem Mann, der für die Lüge als politisches Stilmittel das darstellte, was Marilyn Monroe für die Feuchtigkeit der Träume männlicher Teenager in den sechziger Jahren war: das Nonplusultra. Gedenken wir gemeinsam (die Fanfare bitte ... jetzt!) Richard Nixons!

»Für Politiker gehört es zum Geschäft, die Unwahrheit zu sagen. Deshalb kann ein Politiker im moralischen Sinne des Wortes nicht lügen.«

Nun, rückblickend betrachtet, stellt das Wort »Unwahrheit« im Falle von Richard »Tricky Dick« Nixon vielleicht doch einen nicht mehr tolerablen Euphemismus dar, denn all das, was der 37. Präsident der USA rund um die Watergate-Affäre so alles bestritt, reichte aus, um selbst in presbyterianischen Gebetskreisen organisierte Päderasten schamhaft erröten zu lassen. Grundsätzlich jedoch agieren Politiker aller Zeiten und Klassen tatsächlich nach Dickys Maxime von der moralischen »Unlügbarkeit« des politisch Handelnden.

Ein Trugschluss? Möglicherweise, denn angesichts der Anfänge des demokratischen Staatswesens nach dem Zweiten Weltkrieg muss man zumindest für unsere Breiten konstatieren, dass die »Unwahrheit« nicht immer als Kavaliersdelikt galt, sondern mit der »Lüge« sogar gleichgesetzt wurde. Im Zusammenhang mit der sogenannten bayerischen Spielbankenaffäre des Jahres 1960 (die sehr, sehr viel Älteren werden sich erinnern) verpassten Journalisten dem späteren Bundesinnenminister Friedrich Zimmermann (CSU) den Spitznamen »Old Schwurhand«. Der Besagte nämlich hatte im Zusammenhang mit dieser unschönen, typisch bayerischen Mauschelei unter Amigos einen Meineid geschworen, doch konnte ihn dies nicht langfristig ausbremsen. Er wurde ein Jahr später rehabilitiert, weil ihm mittels eines medizinischen Gutachtens im Nachhinein eine »verminderte geistige Leistungsfähigkeit« während des Schwurs attestiert wurde. Lachen Sie nicht – immerhin musste sich der Homo politicus damals noch um echte Ausreden bemühen, wenn eine Lüge aufflog.

Im Oktober 1962 bezweifelte der *Spiegel* in einem Artikel die Verteidigungsfähigkeit Deutschlands im Ernstfall, und prompt fühlte sich Verteidigungsminister Franz Josef Strauß aufs Füßchen getreten. Gegen Mitarbeiter des Nachrichtenmagazins wurde daraufhin ein Ermittlungsverfahren eingeleitet – wegen eines »Abgrunds an Landesverrat«. Der verantwortliche Journalist Conrad Ahlers und Chefredakteur Rudolf Augstein wurden festgenommen, saßen wochenlang in Untersuchungshaft. Strauß selbst erklärte im Bundestag, damit nichts zu tun zu haben, bestritt jede Beteiligung und musste später doch einräumen, die Festnahme von Ahlers durch die spanische Polizei, denn der Journalist weilte gerade im Urlaub, über die Botschaft in Madrid veranlasst zu haben. Als Verteidigungsminister musste er daraufhin zurücktreten – der politischen Laufbahn hat es mittelfristig jedoch kaum geschadet.

Immerhin bewiesen die erbitterten Feinde – *Der Spiegel* und Strauß – einige Jahre später Größe: Das Magazin bat den bayerischen Provinzfürsten zum Interview, und der Mann ohne Hals nahm die Einladung an. In der Ausgabe vom 1. September 1969 ist dann auch die folgende legendäre Aussage nachzulesen:

»... ich habe alles andere als den Wunsch, in diesem Staate Regierungschef zu werden.«

So erklärte es der Mann, von dem in Bayern bis zum heutigen Tage noch viele Angehörige der Landbevölkerung (und nach wie vor stellt die Landbevölkerung dort die Mehrheit) glauben, er sei der auferstandene Heiland nach erfolgreich absolvierter Weißwurstdiät gewesen. Dass FJS es dann ein rundes Jahrzehnt nach der soeben zitierten Aussage doch noch als Kandidat fürs Kanzleramt versuchte – zuvor hatte er noch behauptet, bevor er das anstrebe, werde er lieber eine Ananasfarm in Alaska aufbauen –, nahm man ihm nicht weiter krumm. »Jo mei«, sagt der Bayer da, »er hot sei Meinung hoit g'ändert. Zefix.« Apropos »Ananas in Alaska«: Dieser sehr schönen Umschreibung einer vermeintlichen Unmöglichkeit gelang es auch in späteren Neuaufgüssen nicht, sich als Wahrheitsbringer zu etablieren – ganz im Gegenteil. So griff beispielsweise der spätere Bundesaußenminister Joschka Fischer das Strauß-Zitat im Jahr 1996 auf und formulierte:

»Eine rot-grüne Bundesregierung bilden und dann so weitermachen wie bisher – da würde ich lieber Ananas züchten in Alaska.«

Nun mag man zur Ehrenrettung Fischers anführen, dass die neue rot-grüne Bundesregierung, der auch er selbst natürlich angehörte, möglicherweise *nicht* so weitergemacht hat wie die bisherige. Alles eine Frage der Interpretation. Doch schon ein Jahr später leugnete Fischer dann auch noch, jemals Außenminister werden zu wollen – nachzulesen in der Hitliste am Ende dieses Kapitels.

Und weil sich's gerade anbietet – Überleitungen sind nicht immer so einfach wie hier –, verweilen wir einen Moment beim Thema »Außenminister«. Die haben normalerweise einen ganz ausgezeichneten Ruf in der Bevölkerung, was daran liegt, dass sie sich um das »Äußere« zu kümmern haben. Die sind ständig irgendwo unterwegs, gehen uns hier kaum auf die Nerven, erhöhen keine Steuern und geben sich so ungemein staatstragend, dass sie praktisch von Amts wegen zu Höherem berufen scheinen. Die meisten jedenfalls. Nehmen wir mal Hans-Dietrich Genscher, von Bewunderern auch zärtlich »Der gelbe Pullunder« genannt. Der war gefühlte 30 Jahre der Repräsentant des deutschen diplomatischen Korps, begegnete sich in aneinander vorbeifliegenden Flugzeugen angeblich selbst und durfte damals in der Prager Botschaft der Bundesrepublik zu campierenden, mittlerweile ein wenig säuerlich riechenden und wild entschlossenen Ausreisewilligen aus dem Arbeiter- und Bauernparadies die berühmten Sätze von der bevorstehenden Übersiedlung in den güldenen Westen sprechen. Wegen Prag. Das ist ja im Ausland. Da macht das eben der Außenminister. Und genau deshalb ist er so beliebt.

Meistens jedenfalls. Es gab auch Außenminister, von denen wusste kaum jemand, dass sie überhaupt da sind. Wer hatte den Job zum Beispiel nach Hans-Dietrich Genscher? Na? Wissen Sie nicht mehr? Kein Wunder, der Nachfolger des segelohrigen Sachsen nannte sich Klaus Kinkel, was zum einen verdächtig nach dem Tarnnamen eines BND-Büroleiters in Pullach klingt, zum anderen die klangliche Ausstrahlung eines Klopapierrollenhalters aus weißem Plastik besitzt. Ansonsten ist von dem Brillenträger praktisch nichts mehr überliefert, wenn man nicht mitzählt, dass auch er bei der FDP war. Aber das waren sie ja meistens, die Außenminister. So auch Guido Westerwelle, der allerdings ebenfalls die Ausnahme von der Regel darstellt. Nämlich der »Beliebtheitsregel«: Sie erinnern sich. Guido, der dauerhaft pennälerartige Kontrapunkt zu einem Schönheitswettbewerb, war und ist in etwa so beliebt, wie ein arabisch aussehender Fluglotse am John F. Kennedy-Airport. Abgesehen von seinen eher mäßigen Popularitätswerten gilt er gemeinhin auch in seinem Job als glatte Fehlbesetzung, was zum einen an seinen englischen Sprachkenntnissen liegt, die denen eines Helmut Kohl kaum nachstehen, und zum anderen an seinen Einschätzungen zur politischen Großwetterlage. Wissen Sie noch, wann Guido Westerwelle den folgenden Satz formulierte?

»Mubarak ist ein Mann mit großer Weisheit und die Zukunft fest im Blick.«

Für alle Kurzatmigen unter den Gedächtnislosen sei daran erinnert, dass es sich bei Hosni Mubarak um jenen »weisen« Staatsmann handelte, der Ägypten 30 Jahre lang im diktatorischen Würgegriff hielt. Als Westerwelle seine Einschätzung der Lage kundtat, bestand Mubaraks politische Zukunft de facto nur noch aus einigen Wochen – für einen Außenpolitiker eine durchaus bemerkenswerte Fehleinschätzung. Zur Drucklegung dieses Buches war übrigens ein gewisser Mursi neuer Präsident in Ägypten, der sich diktatorische Vollmachten sicherte, eine islamistisch geprägte Verfassung durchpeitschte und den Minderheiten in seinem Land in etwa so viel Respekt entgegenbrachte wie ein mexikanisches Drogenkartell einem buddhistisch-pazifistischen Wanderprediger aus Wanne-Eickel, der in Tijuana eine Null-Toleranz-Linie gegenüber Schusswaffen fordert. Hübsches Beispiel, oder? Wie könnte Guido Westerwelle wohl über besagten Mursi sprechen:

»Mursi ist ein Mann mit großer Klugheit, schöpferischer Intelligenz und außerdem ein lupenreiner Demokrat.«

Klingt doch gut. Auch 'ne Prise Schröder drin. Kann nie schaden. Mitgeschrieben, Guido?

Ein weiteres beliebtes Feld, um auf dem politischen Parkett haarscharf an der Wahrheit vorbeizuschlittern, ist das liebe Geld. Und noch ein bisschen konkreter: Stichwort »Parteispenden«. Wolfgang Schäuble, jene menschgewordene Verkörperung eines hungrigen Säbelzahntigers, dessen Untergebene ihn voller Bewunderung mit anderen sympathischen Vorgesetzten der Geschichte – von Nero bis Darth Vader – in eine Reihe stellen, Wolfgang Schäuble also erklärte beispielsweise im Verlauf der sogenannten CDU-Parteispendenaffäre, Geld vom Waffenlobbyisten Manfred Schreiber sei ...

»... niemals auf einem Konto der CDU aufgetaucht.«

Dass die Kohle in bar auf geheime christdemokratische Konten in der Schweiz eingezahlt worden war, schien dem schwäbischen Sparfuchs irgendwie entfallen zu sein. Hatte ihm wahrscheinlich einfach niemand gesagt. Daher auch seine schlechte Laune.

Ein sehr spezielles Kapitel in der bunten Welt der politischen Halb- und Unwahrheiten sind die sogenannten Wahlversprechen. Um noch einmal eine Legislaturperiode im Parlament oder gar im Kabinett abhängen zu können, versprechen unsere Volksvertreter gerne einmal ein wenig mehr, als sie halten können – wobei man die Damen und Herren dafür allerdings nicht alleine verantwortlich machen kann. Zum einen nämlich gilt: Zum Besten gegeben wird nur, was das Stimmvieh auch knorke findet und hören will. Zum anderen muss man natürlich konstatieren: Selbst schuld, wer all das glaubt. Wenn die Staatsfinanzen beispielsweise am Boden sind, die Arbeitslosigkeit hoch und die deutschen Autobahnen – in ihrer gefühlten Wertigkeit nur noch vergleichbar mit dem Einhalten der sonntäglichen Mittagsruhe – so viele Schlaglöcher aufweisen, dass ihre Oberfläche an Guido Westerwelles respektive Roland Kochs Gesicht erinnert, dann ist es zumindest unwahrscheinlich, dass die aus wem auch immer bestehende nächste Regierung die Steuern senkt. Bei der Bundestagswahl des Jahres 2009 wussten das ausnahmsweise wirklich alle ... bis auf die FDP. Die behauptete nämlich, sie werde sich für Steuererleichterungen einsetzen. Was sie dann auch tat – erfolgreich allerdings bedauerlicherweise nur beim »Mehrwertsteuersatz für Hoteliers«. Die Folge: Das gelbe Wahlversprechen erwies sich als klassischer Rohrkrepierer, die Beliebtheitswerte der Liberalen fielen schneller als Franzl Klammer einst die berüchtigte Streif hinunterzurasen pflegte, und die Partei kam in etwa so glaubwürdig rüber, wie die Verleihung des Friedensnobelpreises an Benito Mussolini gewesen wäre. Mal ganz unabhängig davon, dass Silvio Berlusconi diese posthume Maßnahme sicher befürworten würde.

Kein Wunder also, dass beispielsweise Hans Eichel, der

Mann, der für Gerhard »Basta« Schröder den Finanzjongleur mimte, sich mit der folgenden Aussage in einem ARD-Interview im September 2002 nicht unbedingt als Gralshüter der lauteren Wahrheit empfahl:

»Wir machen keine Schulden, das haben wir immer klargemacht, wir weichen nicht in Schulden aus.«

Nun, hätte die rot-grüne Bundesregierung jener Jahre tatsächlich keine Schulden gemacht, dann wäre dies a) ein Wunder, b) eine Novität und c) absurd gewesen, denn zur Finanzierung der diversen Vorhaben benötigte man damals weit mehr Geld, als man dem Steuerzahler abzupressen in der Lage war. Was tut man? Man macht Schulden! Jedes Hänschen wusste das, man darf davon ausgehen, dass auch Hans das wusste. Egal, wird nicht gern gehört, wird einfach mal bestritten. So bleibt man Minister.

Oder Bundeskanzler:

»Steuererhöhungen sind in der jetzigen konjunkturellen Situation ökonomisch unsinnig, und deswegen ziehen wir sie auch nicht in Betracht. Im Gegenteil.«

Denn nicht nur der Eichel-Hans, sondern auch der künftige Gaslieferant Schröder lehnte sich im Juli 2002 dergestalt aus dem Kassenhäuschen, was ihn und die Seinen jedoch nicht daran hinderte, etliche Steuersätze im letzten Quartal des Jahres massiv anzuheben.

Noch etwas heikler wird es für Politiker, wenn sie sich frühzeitig auf einen Koalitionspartner festlegen – oder einen anderen ausschließen. Dass Rot mit Grün und Gelb mit

Schwarz gut können, ist hierzulande sattsam bekannt. Ab und an würde Rot vielleicht aber auch ganz gerne mit Gelb, und Schwarz könnte sich zuweilen auch Grün vorstellen und sogar die Kombination aus Rot, Grün und Gelb ist denkbar, ebenso wie Schwarz, Rot und Grün. Oder Gelb. Oder Blau. Ach nee – Blau wohl eher nicht. Und Dunkelrot schon gar nicht, denn wer ernsthaft einen Pakt mit der Partei »Die Linke« ankündigt, gilt gemeinhin als einer, der wohl »Faust, Teil IV« zu schreiben beabsichtigt. Na ja, kann man angesichts der politischen Vita von Oskar Lafontaine ja auch irgendwie nachvollziehen. Der Mann ist als Mephisto die beeindruckendste Besetzung seit Gustaf Gründgens. Kein Wunder also, dass die hessische Hoffnungsträgerin der SPD, Andrea »Y« Ypsilanti, im Jahr 2008 mit folgender Versicherung ihren Hut in die Manege warf:

»Ich werde mich nicht mithilfe der Linken zur Ministerpräsidentin wählen lassen.«

Tja, nun wollte es das grausame Schicksal jedoch, dass eine Wahl jener Frau, die man in weiten Teilen der Bevölkerung der Einfachheit halber »den zweiten Teil von Aktenzeichen« nannte, ohne die Hilfe der versehentlich auf roten Socken ebenfalls über die fünf Prozent gehüpften Linksausleger nicht möglich gewesen wäre. Soll heißen: Im hessischen Landtag hätte es für die schmallippige Karrieristin XY ohne die Abgeordneten der Linken keine Mehrheit gegeben. Es kam, was kommen musste: Sie verhandelte mit den Linken und erwog – Achtung –, sich von diesen zur Ministerpräsidentin küren zu lassen.

Klappte aber nicht, weil die CDU, seit dem Abgang ihres langjährigen Vorsitzenden, dem stets zur Wahrheit, Lauterkeit und Aufrichtigkeit verpflichteten Roland Kotz ... ups ... Koch (copyright by Mrs. Merkel), eine ausschließlich aus Wahlversprechen einhaltenden Ehrenmännern bestehende Partei, einen Sturm der Entrüstung entfachte, wie ihn die Republik zuvor noch nie gesehen hatte. Und weil auch Teile der Sozialdemokraten mit dem Ypsilanti-Umfaller partout nichts anfangen konnten, zog sich die Gescholtene hurtig zurück und suchte ihr Heil in der Versenkung. Oder zumindest irgendwo dort in der Nähe.

Frau Ypsilanti scheiterte also mit einem Wahlversprechen, doch man kann ihr immerhin abnehmen, dass sie zumindest die Hoffnung hatte, ihre Ankündigung wahr machen zu können – letztlich also, sagen wir jetzt mal so, »in bester Absicht« handelte. Dies wiederum lässt sich vom folgenden Herrn absolut nicht behaupten – im Gegenteil. Sein Beispiel verdeutlicht, dass die politische Lüge innerhalb einer Demokratie manchmal durchaus eine lässliche Sünde sein kann – in einer anderen Staatsform jedoch wird sie ganz schnell zum blanken Zynismus:

»Mehr Demokratie als die, die wir praktizieren, gibt es in keinem anderen Teil der Welt«,

postulierte Augusto Pinochet, ehemaliger Militärdiktator von Chile, skrupelloser Tyrann und vielhundertfacher Mörder. Ein Kommentar hierzu erübrigt sich wohl.

Es folgt die ganz und gar subjektive und keinesfalls Anspruch auf Vollständigkeit erhebende Liste der zwölf beeindruckendsten und/oder lustigsten und/oder seltsamsten und/oder absurdesten Halb- oder Ganz-und-gar-Unwahrheiten von Politikern aus aller Welt – vorzugsweise jedoch aus vertrauten Gefilden zu vertrauten Themen. Macht mehr Spaß.

PLATZ 12:
»Was mich angeht, so würde ich lieber Ananas in Alaska züchten als Bundeskanzler sein.«

Dass Franz Josef Strauß dies sagte, wurde ja bereits an anderer Stelle kommuniziert, und auch die Tatsache, dass CSU-Kanzlerkandidaten Schwierigkeiten haben, sich zu dieser Rolle zu bekennen, war schon Thema. Denn wie sonst wäre zu erklären, dass Edi Stoiber, das Synonym eines Milkshakes ohne Kalorien, kurz vor seiner eigenen Kandidatenkür zu Protokoll gab (ich zitiere nach dem epochemachenden Werk des Kollegen Michael Stiller: *Edmund Stoiber. Der Kandidat*):

»Meine Lebensaufgabe liegt in Bayern, nehmen Sie das bitte endlich zur Kenntnis. (...) Ich bin nicht Kandidat und werde es auch nicht.«

Im Jahre 2002 wurde Stoiber nach dem legendären Frühstück mit Angie Merkel in Wolfratshausen der Kandidat der Union und strebte eine Bundeskanzlerschaft an.

Was also ritt ihn zuvor? Bescheidenheit? Selbstverleugnung? Oder doch eher der Versuch, das Menetekel an der Wand so lange wie möglich als Graffiti eines Irregeleiteten zu behandeln?

Und weil's so schön war, verweilen wir noch ein wenig in historischen Betrachtungen, schütteln uns die Milben aus dem Fell und erinnern uns des Jahres 1986. Okay, Deutschland wurde in Argentinien Fußball-Vizeweltmeister, Schwedens Regierungschef Olof Palme auf offener Straße erschossen und die Raumfähre Challenger riss sieben Astronauten in den Tod. Es war also ohnehin nicht unbedingt ein komödiantisches Jahr, also hätte es des Super-GAUs in Tschernobyl eigentlich wirklich nicht mehr bedurft. Andererseits: Warum so viel Hysterie um das atomare Wölkchen, dachten sich unmittelbar nach dem Geschehen einige Mitglieder des damals noch allmächtigen Zentralkomitees der Kommunistischen Partei in Moskau, das in diesen Zeiten noch für alles und jeden in der heute nicht mehr existenten Sowjetunion zuständig war.

PLATZ 11:
»Tatsächlich hat sich im Kraftwerk von Tschernobyl ein betrieblicher Unfall ereignet, dessen Folgen jedoch äußerst geringfügig sind. Es besteht absolut kein Grund für Panik oder Furcht.«

Mit diesen bemerkenswerten Sätzen beruhigte uns Wladimir Alexandrowitsch Krjutschkow, seinerzeit Mitglied des Zentralkomitees der KPDSU, am 29. April – drei Tage nachdem der Reaktor des Atomkraftwerks von Tschnernobyl eindrucksvoll bewiesen hatte, dass die strahlende Zukunft der unbegrenzten Verfügbarkeit von Energie möglicherweise doch noch die eine oder andere Tücke aufweist. Über Krjutschkows Interpretation der Sachlage mag man lamentieren, aber immerhin hatte keiner der Verantwortlichen anschließend erklärt, man möge sich doch bitte schön flach auf den Boden legen und möglichst eine Aktentasche über den Kopf halten. Dies hatte in den fünfziger Jahren noch die amerikanische Katastrophenschutzbehörde vorgeschlagen, falls der Staatsbürger tatsächlich mal in die Verlegenheit kommen sollte, sich vor einem radioaktiven Fallout schützen zu müssen. Das nur für den Fall, dass jetzt irgendwer auf den Gedanken kommen sollte, sich über rückständige Russen zu mokieren. Die leugneten einfach das Problem, wodurch sie sich mit Leichtigkeit um die ausreichende Bereitstellung von Aktentaschen drücken konnten. Problem elegant gelöst.

Fast zwangsläufig kommen wir damit zu einem der Strahlenopfer jener Tage, denn anders ist das Verhalten des russischen Wieder-mal-Präsidenten Wladimir Putin kaum zu erklären. Der Mann lässt sich gerne mit nacktem Oberkörper und Kalaschnikow ablichten, gibt sich so leutselig und volksnah wie einst Väterchen Stalin, macht aus dem Pflänzchen der russischen Demokratie im Nu einen Güllewagen der enttäuschten Hoffnungen und betrachtet Errungenschaften wie Pressefreiheit oder Demonstrationsrecht als vernachlässigbare Wurmfortsätze westlicher Dekadenz. Kein Wunder also, dass er es im Zweifelsfall auch mit der Wahrheit nicht so genau nehmen wollte ...

PLATZ 10:
»Selbstverständlich respektiere ich die Verfassung. Für mich ist eine weitere Amtszeit als Präsident unseres großen Landes ausgeschlossen.«

So tönte es aus Wladimir im Jahr 2008 kurz vor dem Ende seiner ersten beiden Amtszeiten als russischer Präsident gegenüber einer Korrespondentin der amerikanischen Zeitschrift *Newsweek*, bevor er dem Sitzriesen Medwedew kurzfristig sein vorgewärmtes Sesselchen hinterließ. Nachdem dieser dort eine Amtszeit hineingepupst hatte, folgte flugs der Rollentausch, und Putin war wieder – ursprüngliche Verfassung hin, Verfassung her – Präsident der Russen. Glückwunsch.

Manche Unwahrheiten, liebe Leserinnen und Leser, sind eigentlich unvermeidbar, dienen sie doch einem höheren Zweck. Stellen wir uns an dieser Stelle doch einmal die Frage, was Christian Wulff – Sie wissen schon: der »Hallo, Herr Kaiser« im Bundespräsidialamt – wirklich dringend gebraucht hätte. Fällt Ihnen da spontan etwas ein? Ja? Ehrlichkeit? Och ... na ja ... also, nicht wirklich. Bessere Berater? Je nun, das könnte man sagen. Taktgefühl und Sinn für Anstand? Puuuh, okay, könnte man meinen, ist normalerweise allerdings kein echtes Kriterium für politischen Erfolg. Nein, nein, die Antwort lautet: ein Profil. Wäre Christian Wulff nicht von Anfang an so nervtötend fade rübergekommen wie ein nikotinunabhängiger Pastoralassistent, der keinen Alkohol trinkt, dem anderen (oder dem gleichen) Geschlecht nie zu nahe tritt und in seiner Freizeit beige Hemden trägt, wäre das Ganze doch nie passiert. Hätte Richard von Weizsäcker sich von Thyssen-Krupp eine Segeljacht sponsern lassen, hätten wir gesagt: »Wow, der Richie. Seemannsheil, du töftes Gewissen der Nation, du.« Oder Johannes Rau. Gesteht, er habe mithilfe eines befreundeten Unternehmens eine Bobby-Car-Rallye zugunsten seines vergnügungssüchtigen Großneffen geschmissen. Und was hätten wir da gesagt? Nichts anderes als: Schwamm drüber, Bruder Johannes, deine raue Stimme – Nomen ist bekanntlich Omen – gibt uns Halt in stürmischen Zeiten. Hoho. Walter Scheel? Hätte die Probleme weggejodelt. Roman Herzog? Hätte sich einen Ruck gegeben, sich in seine Robe geschmissen und die Journaille einfach zur Sau gemacht. Und Karl

Carstens? Na, der wäre ohnehin auf Wanderschaft gewesen, wenn man ihm ans Leder wollte. Aber Christian Wulff? Der Mann hatte nichts, gar nichts, rein überhaupt nichts, was ihn sympathisch oder unsympathisch machte. Zum ersten Mal in der Geschichte der Bundesrepublik führte eine Art Vakuum in Schloss Bellevue die Dienstgeschäfte – das konnte auf Dauer nicht gut gehen. Mal ehrlich, hat irgendjemand Mitleid, wenn »Hallo, Herr Kaiser« in einen Hundehaufen tritt, an denen in Berlin wahrlich kein Mangel herrscht? Nein? Sehen Sie.

Okay, die Einleitung war jetzt ein bisschen lang, aber notwendig. Denn das Problem der vollständigen Profillosigkeit, das Christian Wulff so nachhaltig prägte, hatte seit Jürgen Möllemanns Abflug* auch die FDP. Yep. Die Liberalen. Nun könnte man sagen, eine Partei, die sich nacheinander Guido Westerwelle und dann Philipp Rösler an ihrer Spitze leistet, hat es verdient, als eine Ansammlung blaue Sakkos und gelbe Krawatten tragender Betriebswirtschaftler und Sparkassenazubis mit Pfefferminzrasierwasser wahrgenommen zu werden, doch wer denkt dabei an den einzelnen Abgeordneten? Keine Sau. Da bewerben sich bei den Liberalen Menschen um Mandate, die Leutheusser-Schnarrenberger oder Jorgo Chatzimarkakis heißen, und abgesehen von diesem Handicap sind sie auch noch auf eine Partei ohne Rückgrat, Führung und Programm angewiesen. Kein Wunder also, dass sie gerne mal das Blaue vom Himmel versprechen:

---

*Anm. des Verlags: Wir distanzieren uns in aller Form von dieser unentschuldbaren Geschmacklosigkeit des Autors. Möglicherweise jedoch regt sich ein Kritiker über diese Zeile so sehr auf, dass er ein paar böse Sätze über dieses üble Machwerk in einer namhaften Publikation verfasst – was wiederum verkaufsfördernd wäre. Das halten Sie für berechnend und amoralisch? Sie haben recht!

PLATZ 9:

»Wir wollen die Volksabstimmung zur EU-Verfassung – und wir werden so lange kämpfen, bis das Referendum kommt.«

So sagte es der Jorgo Chatzimarkakis (gesprochen: Schatzimarkakis und im weiteren Verlauf abgekürzt als »Schatzi«) auf einer Kundgebung der FDP in Filderstadt am 13. Mai 2004. Eigentlich wollte Jorgo Schatzi sich seinerzeit für einen Sitz im EU-Parlament bewerben, und das klappte dann ja auch ganz gut, wobei allerdings zwei Dinge festzuhalten sind. Zum einen »kämpfte« Schatzi in der Vergangenheit weder erfolgreich noch nachhaltig für das Referendum zur EU-Verfassung, denn ein solches gab es bislang nicht. Zum anderen kämpft Schatzi auch aktuell nicht, was uns zu denken geben sollte, denn eigentlich wollte er doch »so lange kämpfen«, bis das Referendum kommt. Wie definiert Schatzi denn die Redewendung »so lange, bis«?

Vielleicht wurde er da aber auch irgendwie nur falsch verstanden, was für Schatzi ein bekanntes Phänomen darstellt. Ist ihm schließlich schon mal passiert, als die Bonner Universität ihm seinen Doktortitel aberkannte. Bloß weil er stattliche 72 Prozent seiner Doktorarbeit abgeschrieben haben soll, was ja auch schon wieder eine Leistung darstellt – nicht einmal Gelmeister Guttenberg hatte Ähnliches vorzuweisen. Apropos: Den Satz *Die von mir verfasste Dissertation ist kein Plagiat* schenken wir uns in diesem Kapitel einfach mal. Zu abgedroschen. Gähn. Zu oft schon gehört und belästert. Sorry, Theo, du Multiple-Choice-Produkt einer Vornamenswebsite: Nicht mal dafür reicht es noch.

Noch einmal zurück zum Hinauszögern des Unausweichlichen. Normalerweise kennt man das ja von Fußballvereinspräsidenten, die grundsätzlich immer davon ausgehen, dass der Trainer »auch am nächsten Samstag noch auf der Bank sitzt«, obwohl man nach der jüngsten 0:7-Heimpleite der wenig ambitionierten Rasenschänder schon längst mit einem neuen Dompteur für die bolzende Jungmännerriege verhandelt. So ähnlich muss auch Joschkas angeekelt nach halb oben verzogener Mundwinkel gedeutet werden, als er auf die Frage, ob er in einer künftigen rot-grünen Bundesregierung den Außenminister geben wolle, die folgende Versicherung absonderte:

PLATZ 8:
»Ich versichere Ihnen: Ich will es nicht, und ich werde es nicht.«

Nachzulesen im Interview mit der *Süddeutschen Zeitung*, erschienen am 28. August des Jahres 1997. Ein gutes Jahr später war Gerhard »Ich will hier rein« Schröder der neue Kanzler, und Joschka trug plötzlich Krawatten und dinierte mit Boris Jelzin. Oder trank zumindest ein Gläschen mit dem russischen Tanzbär. Oder zwei. Oder drei. Und zwischendurch heiratete er dann mal wieder und sonnte sich im Glanz des neuen Amtes. Denn wenn man nicht gerade Guido heißt, macht der Außenministertitel echt was her. Staatstragend, irgendwie.

Im Jahr 2005 war der Ausflug der Grünen in die Regierungsverantwortung dann auch schon wieder vorbei, und Joschka verabschiedete sich in Richtung USA, um dort an Elite-Universitäten Vorträge über Außenpolitik zu halten. Irre, oder? Der ehemalige Pflastersteinschmeißer aus dem Frankfurter Westend in Stanford. Oder war es Yale? Egal – wichtig ist, dass der Titel des Außenministers jeden noch so hässlichen Frosch im

Handumdrehen in einen seriösen Staatsmann verwandelt. Jeden. Nur Guido nicht. Doch zurück zum Thema, ins Jahr 2005. Damals tobte der Wahlkampf. Gerhard Schröder hatte seinen Posten vorzeitig geräumt, Mighty Merkel, die Wuchtbrumme aus der Uckermark, die damals noch so aussah, als müsse sie Frisurenversuche von Erhard Eppler (die Älteren werden sich erinnern) auftragen, schickte sich an, aus dem Kanzleramt ein Frauenhaus zu machen. Weil's aber ohne Sozis keine Mehrheit gab, bastelte man sich eine große Koalition zurecht, was die SPD über Nacht in den Rang der Wahlbetrüger manövrierte. Schließlich hatte man wenige Wochen zuvor noch mit dem Slogan

PLATZ 7:
»Merkelsteuer, das wird teuer«

gegen die von der Union angekündigte Mehrwertsteuererhöhung getrommelt. Eine solche, so Schröder und Co., könne sich Deutschland gar nicht leisten. Doch kaum mit an der Regierung – wenngleich auch ohne Schröder, der flugs seine Leidenschaft für die Weiten der sibirischen Taiga entdeckt hatte –, bewiesen die Sozis: Deutschland kann es doch. Sich das leisten nämlich. Die Erhöhung. Der Mehrwertsteuer. Und zwar gleich um drei Prozentpunkte. »Siehste«, mag sich da die Pastellfarbene gedacht haben, »geht doch.«

PLATZ 6:

Googelt man im Internet den Namen Roland Koch (Nein, Kinder, versucht das nicht zu Hause), dann stößt man über kurz (eher) oder lang (weniger) auf die sogenannte CDU-Spendenaffäre. In dieser unschönen Geschichte um nicht deklarierte Zuwendungen dubioser Geschäftsleute an die Union, machte, so steht es dort in einem Beitrag zu lesen, der hessische Ministerpräsident Roland Koch eine »unrühmliche Figur«. Hüstel. Diese Formulierung ist ... nun ... gelinde gesagt ... überflüssig wie ein Kropf. Das letzte Mal eine gute Figur machte Roland Koch mutmaßlich bei seiner Geburt, als man den Wicht im Kreißsaal verkehrt herum hielt, um ihm einen Schrei zu entlocken. Seitdem jedoch ist Roland Koch ... äääh ... nun, seitdem ist er eben Roland Koch. Und wenn Sie's noch deutlicher wollen: Roland Koch ist das exakte Gegenteil einer guten Figur. Der Quasimodo des Liebreizes. Der Shrek der Anmut. Der Hella von Sinnen der Eleganz. Kann man das sagen? Eher nicht? Grobe Beleidigung der Frau von Sinnen? Egal, in diesem Fall ist kein Extrem extrem genug.

»Ich kenne bis zum heutigen Tag keinen einzigen Vorgang außerhalb der offiziellen Buchhaltung der Christlich-Demokratischen Union«,

erklärte der unrühmliche Roland im Januar 2000 in aller Öffentlichkeit. Kurze Zeit später musste er einräumen, dass der Rechenschaftsbericht der Landespartei offenkundig manipuliert worden war. Immerhin konnte sich Koch nach wie vor auf Norbert Kartmann verlassen. Wie? Sie wissen nicht, wer Norbert Kartmann war/ist/vorgibt zu sein? Nun, damals jedenfalls war er Fraktionsvorsitzender der hessischen CDU und sprang seinem Ministerpräsidenten devot zur Seite: *»Eine zeitweise falsche Darstellung ist, wenn sie der Erlangung der Wahrheit dient, entschuldbar«*, schob Kartmann Kochs dreister Lüge hinterher und gilt in Hessen seitdem als einzig legitimer Nachfolger von Heinz Schenk für die Verkostung mehrerer Hektoliter Äppelwoi mittels eines Strohhalms. Denn so irrwitzig wie Kartmann argumentierte, ging's seinerzeit nicht mal in der After-Show-Party beim Blauen Bock zur Sache, wenngleich dort Marianne und Michael angeblich zusammen mit Bata Illic und Jürgen von der Lippe nackt eine Glasscherbenpolonaise getanzt haben sollen. Ist nur ein Gerücht. Nie bestätigt.

Und damit wird's mal wieder Zeit für einen Klassiker:

PLATZ 5:

»Ich gebe Ihnen mein Ehrenwort, mein Ehrenwort, dass die gegen mich erhobenen Vorwürfe haltlos sind.«

Sie erinnern sich? Oder zumindest schon mal gehört? Natüüüürlich – das war der damalige Ministerpräsident der Beinahe-Dänen aus Schleswig-Holstein, Uwe Barschel (CDU), der während des Landtagswahlkampfes 1987 seinen SPD-Konkurrenten Björn Engholm durch seinen Referenten Reiner Pfeiffer systematisch hatte bespitzeln lassen. So richtig privatdetektivmäßig. Wie bei Perry Mason. Oder in *Ein Fall für zwei*. Das aber wollte Uns Uwe einfach nicht zugeben. Leugnete standhaft. Warf mit Ehrenworten um sich und musste am 2. Oktober 1987 dann doch zurücktreten. Wenig später lag er dann tot in einer Genfer Badewanne, aber das ist ein anderes Kapitel ...

Das eigentlich Schockierende an dieser Affäre war jedoch nicht die Tatsache, dass Barschel schamlos gelogen hatte. Im Nachhinein hatten das irgendwie alle erwartet, denn schließlich hatte der Mann seit jeher den Charme eines usbekischen Waffenhändlers ausgestrahlt und in etwa so vertrauenswürdig gewirkt wie der Ernährungsberater von Lance Armstrong. Aber dass auch Barschels Rivale Björn Engholm nicht unbeschadet blieb, hatten die wenigsten erwartet. Der Mann, der gut und gerne als Model für Landhausmode hätte durchgehen können, der Pfeifenraucher mit dem Charisma eines Ersten Geigers der Wiener Philharmoniker und dem eloquent rauen Charme eines modernen Deichgrafen – dieser Björn Engholm war der Mann, dem damals alle vertrauten. Vertrauen wollten. Unbedingt. Er war der Gute. Der Anständige. Der Edle. Und was machte er? Er bestritt jeglichen Kontakt zwischen Spitzel-Pfeiffer und der SPD im Verlauf der sogenannten Waterkantaffäre. Bis zum Wahlabend sei ihm der Name »in keinerlei Weise bewusst gewesen«. Neun Wochen später musste Engholm vor dem Barschel-Untersuchungsausschuss zugeben, dass dies wohl nicht ganz richtig gewesen sei. Also nicht wahr. Unwahr sozusagen. Eine Lüge. Und dann? Aus die Maus. Oder haben Sie seitdem wieder mal von Björn Engholm gehört?

Tröstlich daran ist eigentlich nur die Tatsache, dass es wirklich Lügen gibt, die politische Karrieren beenden. Zumindest bei denen, die den Anstand haben, zurückzutreten. Für Donald Rumsfeld war dies seinerzeit allerdings nie eine Option, wobei es beim folgenden Satz jedoch auch ganz schön verzwickt ist, dem ollen Hardliner wirklich die Unwahrheit nachzuweisen.

PLATZ 4:

»Wir wissen mit Sicherheit, dass Osama bin Laden entweder
in Afghanistan ist oder in einem anderen Land oder tot.«

Jau. So war das damals. Osama war entweder in Afghanistan
tot oder woanders. Oder nicht tot, aber dafür in Afghanistan. Oder woanders. Oder gar nicht Osama. Oder wenigstens
nicht im Laden. Tot ist sowieso relativ. Wird oft überschätzt.
Und mal ganz davon abgesehen: Ist es wirklich erstrebenswert, in Afghanistan nicht tot zu sein? Letztlich bleibt doch
nur eine Frage offen: Was glauben diejenigen, die Donald »Das
alte Europa« Rumsfeld mit »wir« bezeichnet, »mit Sicherheit«
zu »wissen«? Vielleicht, dass die amerikanischen Waffenge-
setze Amokläufe verhindern? Dass die Welt erst 6000 Jahre
alt ist und man die Schöpfungsgeschichte bitte wörtlich nehmen möge? Mitsamt der Arche und so. Oder vielleicht wissen
sie auch sicher, dass Osama bin Laden niemals mit Monica Lewinsky gekuschelt hat, ebenso wenig wie Bill Clinton ...

PLATZ 3:

»I did not have sexual relations with that woman«,

behauptete Teflon-Bill Clinton auf einer Pressekonferenz im
Weißen Haus am 26. Januar 1998. Mit »that woman« war Miss
Monica Lewinsky gemeint, eine nach rubensschen Idealvor-
stellungen geformte Politpraktikantin. Später kam heraus,
dass die beiden durchaus einige, nun ja, »Begegnungen«
hatten, und der eigens eingesetzte Sonderermittler Kenneth
Starr, eine mehr oder weniger humanoide Kreuzung aus Blut-
hund und Trüffelschwein, förderte nach und nach etliche De-

tails zutage, die eigentlich niemand wissen wollte, die jedoch einer gewissen Pikanterie selten entbehrten.

Egal, Billy Boy, der gleichnamiges Produkt in speziellen Situationen besser mal hätte verwenden sollen, blieb letztlich die volle Amtszeit im Weißen Haus, und angesichts seines Nachfolgers George W. Bush wurden weltweit Wünsche laut, die Polygamie zu einer Grundvoraussetzung zur Erlangung der Führerschaft über eine Weltmacht zu ernennen. Lieber Vielweiberei als ein einziger Dabbljuh.

Eine in ihrer Wirkung zumindest in jüngerer Vergangenheit unerreichte politische Lüge ist jene von den Massenvernichtungswaffen im Irak. Deren Vorhandensein war laut US-Regierung so sicher wie das Amen in der Kirche oder dass der IQ-Wert der Gouverneurin von Alaska, Sarah Palin, mit der Durchschnittstemperatur ihres Staates korrespondiert. Was den Standort betraf, wollten sich die Offiziellen allerdings nie so ganz festlegen, was uns eigentlich frühzeitig hätte stutzig machen sollen ...

PLATZ 2:
»Wir wissen, wo sie sich befinden. In der Gegend um Tikrit und Bagdad und östlich, westlich, südlich und etwas nördlich.«

Im Klartext: Die Massenvernichtungswaffen waren praktisch *überall* im Irak – man konnte sie später allerdings leider nicht finden. Und eingesetzt zur Vernichtung der angreifenden amerikanischen Massen wurden sie auch nicht, was umso erstaunlicher ist, da die Amerikaner bis auf die Atombombe so ziemlich alles aufboten, was sie im Irakkrieg so zur Verfügung hatten. Das Unangenehme an diesen Massenvernichtungswaffen – an denen im Süden und an den westlichen, natürlich auch an denen im Osten und Norden – ist vor allem diese nicht entschuldbare Angwohnheit, sich offenbar selbstständig zu verbergen. Sogenannte Camouflagewaffen sind das. Ganz teuflische Dinger. Typisch für den Irak. Ach übrigens: Seit 5.45 Uhr wird jetzt zurückgeschossen. Kam vorhin im Radio.

Die absolute Nummer 1 unter den politischen Unwahrheiten hat schon ein paar Jahrzehnte auf dem Buckel, ist jedoch von bleibender und damit zeitloser Anmut, was vor allem ihre Intonation betrifft. Am 15. Juni 1961 näselte der damalige Staatsratsvorsitzende der DDR, Walter Ulbricht:

PLATZ 1:

»Niemand hat die Absicht, eine Mauer zu errichten.«

Wenig später stand sie dann, die berühmte Mauer. Zack. Quasi über Nacht. Nun hätten wir aber davon eigentlich nicht ganz so überrascht sein dürfen, denn spätere Interpretationen und Analysen dieses Satzes von Walter Ulbricht lassen nur einen Schluss zu: Der Mann mit dem Sandmännchen-Spitzbart meinte das ironisch. Hatte sich einen Scherz erlaubt. Spässken gemacht. Denn schließlich wusste der unfehlbare Chef einer unfehlbaren Staatsmacht genau, dass Herbert Pachulke vom Braunkohlekombinat Bitterfeld-Ost just in jenen Tagen ein Mäuerlein um den Gemüsegarten seiner Oma Heidi ziehen wollte, um diesen vor den Unbilden des Wetters zu schützen. Und Sigismund Robel, Schweißer aus Rostock, hatte in jenen Stunden die Absicht, für sein Motorrad, genannt »Schwalbe«, einen stabilen Unterstand zu bauen, zu dessen Behuf mehrere Mauern erforderlich waren. Zudem war Ulbricht über die Stasi zu Ohren gekommen, dass Gerhard Neumüller, bekannter westdeutscher Reaktionär aus Gelsenkirchen, sich seit geraumer Weile mit dem Gedanken trug, vor seinem Garten eine Lärmschutzmauer gegen den damals schon heftig anbrandenden Verkehr der nahen Autobahn zu errichten. Von der Auslandsaufklärung war Ulbricht in jenen Tagen zudem zugetragen worden, ein gewisser Jean Dupont plane den Bau eines Sichtschutzmäuerchens rund um seinen frisch angelegten Swimmingpool in einem Villenvorort von Nizza (Arbeitstitel: *Le mur*), weil er hoffte, in diesen künftig halbnackte Partygirls der nahen Côte d'Azur locken zu können, was Ulbricht Überlieferungen zufolge zum überrascht spöttischen Ausruf: »Oh, diese Franzmänner, so degoutant!«, veranlasst haben soll.

Sie merken schon: Ulbrichts so häufig missverstandener Satz war keine Lüge, sondern eine charmant ironische Brechung, ein subversives Spiel eines charismatischen Querdenkers mit der absurd übersteigerten Erwartungshaltung eines sensationslüsternen Auditoriums. Eine Mauer? Pfff. Hirngespinst.

Kapitel 3

»INTRIGANTES SCHWEIN«

DIE SCHLIMMSTEN ENTGLEISUNGEN

*S*eine politischen Gegner bezeichnete Franz Josef Strauß während einer seiner berühmt-berüchtigten Aschermittwochs-reden in Passau einst als »Ratten und Schmeißfliegen«. Und? Empört? Wieso eigentlich? Ratten, das lehrt uns die Evolution, sind intelligente Nager, die es fertigbringen, sich mit beinahe allen Umständen, Lebensbedingungen und Umweltproblemen irgendwie zu arrangieren – eine Fähigkeit, die beispielsweise der FDP mittlerweile abgeht. So gesehen ist die Bezeichnung »Ratte« beinahe schon als Kompliment zu verstehen. Und wenn wir dann auch die schlichte Tatsache zur Kenntnis nehmen, dass es sich bei Schmeißfliegen bekanntlich um besonders dicke Brummer handelt, so verliert die straußsche Schimpfkanonade in Windeseile ihren Schrecken.

Andererseits gibt es natürlich durchaus Beleidigungen, die selbst der sanftmütigste indische Guru kaum noch mit lächelnder Toleranz ertragen könnte. Und bei so mancher Entgleisung muss die Frage gestattet sein, in welcher Spelunke der Sprecher sich die Hirnzellen weggesoffen hat. Denn auch wenn Austeilen und Einstecken zum politischen Alltagsgeschäft gezählt werden dürfen, gibt es Grenzen, die zumindest jenen klar sein müssten, deren intellektuelle Alltagstauglichkeit über die Kapazitäten von Paris Hiltons Chihuahua hinausgehen. Wo genau diese Grenzen liegen, ist von Land zu Land verschieden – die Deutschen haben da durchaus ihre ganz persönlichen Empfindlichkeiten:

»Helmut Schmidt spricht weiter von Pflichtgefühl, Berechenbarkeit, Machbarkeit, Standhaftigkeit. Das sind Sekundärtugen-

den. Ganz präzise gesagt: Damit kann man auch ein KZ betreiben.«

Diese Sätze formulierte im Jahr 1982 Oskar Lafontaine, heute einer der führenden Ganz-Linken im Lande und damals noch SPD-Mitglied. Nun könnte man natürlich argumentieren, dies sei keine echte Beleidigung, weil der knubbelige kleine Oskar schließlich nicht Herrn Schmidt direkt angegriffen habe, sondern lediglich die sogenannten Sekundärtugenden abwertete. Könnte man, sollte man aber nicht. Denn Oskar L. sieht zwar so aus wie der letzte verbliebene Bettelmönch eines heruntergekommenen Dominikanerklosters, doch von seinem unschuldigen Äußeren sollte sich niemand täuschen lassen. Der gewitzte Saarländer war und ist ein Machtmensch, der immer ganz genau weiß, was er wann und zu wem sagt. Helmut Schmidt indirekt, aber hörbar in die Nähe eines KZ-Kommandanten zu rücken, war eine gewollte, bösartige und schlussendlich einfach geschmacklose Entgleisung.

Apropos Geschmacklosigkeit. In diesem Kapitel geht es nicht ausschließlich um Beleidigungen, sondern eben auch um Entgleisungen anderer Natur. So verstehen es manche Politiker schließlich meisterhaft, die ohnehin nach fauligen Eiern riechende Lufthoheit über den Stammtischen mittels besonders widerlicher Rhetorik um eine ganz spezielle Duftnote anzureichern. Sehr beliebt ist dabei zum einen die martialische Variante, derer sich beispielsweise Edmund Stoiber gerne mal bediente:

»Ich nehme Schröder direkt ins Visier.«

So tönte er im September 2002 während seines »Ich werde Deutschland retten«-Wahlkampfs gegen den Brioni-Kanzler Schröder, was umso lächerlicher wirkte, als man dem blonden Fallbeil zwar den kalten Krieger ohne Weiteres abzunehmen in der Lage war, doch sich einen Stoiber vorzustellen, der mit einer Handfeuerwaffe hantiert, ist in etwa so abwegig wie Pu der Bär mit einer Bazooka.

Doch im Eifer des Gefechts kann man schon mal über das Ziel »hinausschießen«. Und schließlich sind Sportreporter diesbezüglich eher noch ein bisschen schlimmer, wenn sie dem einen professionellen Balltreter unterstellen, er habe »einen Hammer im Fuß«, bei dem nächsten sich gar nicht mehr einkriegen, weil der gerade »eine Bombe abgefeuert« hat oder auch – und das bringt eigentlich nur noch der unverbesserliche Fritz von Thurn-und-keine-Ahnung-von-Tuten-und-Blasen-Taxis – »eine Wahnsinnsgranate versenkt«.

Nein, nein, diese Angriffskriegrhetorik ermangelt nicht einer gewissen Komik. Eine deutlich ekligere Variante ist da schon der – und damit kommen wir zur zweiten Stammtisch-Anbiederungs-Rhetorik-Variante – verbrämte Rassismus. Ein Meister dieses Fachs war der ehemalige hessische Ministerpräsident Roland Koch, einer der ganz wenigen Politstrategen, für den man sich schon fremdschämte, bevor er überhaupt den Mund aufgemacht hatte.

»Wir sind an die Grenze der Aufnahmefähigkeit von Ausländern angekommen, weil wir sie nicht mehr integrieren können«,

behauptete der Mann beispielsweise und forderte mit einer solchen Vehemenz eine Änderung des deutschen Asylrechts, dass nicht wenige bereits mutmaßten, demnächst werde Schmollmund-Roland sich anschicken, sein Bundesland mit Selbstschussanlagen auszurüsten, um endlich der barbarischen Überfremdung Herr werden zu können. Denn:

»Wir haben zu viele kriminelle junge Ausländer.«

Auch da war er sich gewiss und plärrte es im Jahr 2007 während eines Interviews mit der *Bild*-Zeitung in die von zu vielen nichtdeutschen Kleingangstern bevölkerte Welt hinaus. Und sorgte mit dieser Äußerung dafür, dass die NPD ihre Wahlplakate noch einmal gründlich überarbeitete, weil sie befürchten musste, vom Hetzstrategen der Union rechts außen überholt zu werden.

Andererseits aber setzte sich jener eine, der es stets ohne alle anderen schaffte, den Brei zu verderben, für ein anderes Klientel mit einer an eine Planierraupe gemahnenden Sensibilität ein:

»Wenn Frank Bsirske, Chef der Gewerkschaft Verdi, öffentlich die Namen reicher Deutscher nennt, ist dies eine neue Form von Stern an der Brust.«

Hä? Wenn ich »Boris Becker« sage, bin ich ein Antisemit? Oder »Theo Albrecht«? Sie wissen schon – der wo den Aldi gegründet getan hat ... Nee, keinen Schimmer, was der Mann mit dieser Peinlichkeit ausdrücken wollte, aber dass die Hessen-CDU ein, sagen wir mal, »interessantes« Verhältnis zum Judentum hatte, zeigte ja auch die Spendenaffäre: Pfiffig waren illegale Parteispenden als »jüdische Vermächtnisse« aus der Schweiz verbucht worden. Ausgerechnet an die hessische CDU ... Und wessen Wahlkampf wurde teilweise aus diesem Topf finanziert? Genau. Aber genug der Abschweifung. Immerhin hatte sich Koch bereits im Jahr 2002 gegenüber dem ZDF von einer überraschend einsichtigen Seite präsentiert:

»Ich habe den Hessen nie angedroht, mein ganzes Leben lang Ministerpräsident sein zu wollen.«

So antwortete Roland Koch am 10. November 2002 auf die Frage, ob er 2005 als Kanzlerkandidat zur Verfügung stehe. Dass weder das eine noch das andere eingetreten ist, beweist uns, dass es glücklicherweise durchaus Ausnahmen von Murphy's Law gibt.

Im Übrigen gilt im politischen Alltag auch die Faustregel, dass alle immer alles besser wissen, können und formulieren als alle anderen, was uns stante pede zur überraschenden Erkenntnis geleitet, dass Politiker quasi von Berufs wegen notorische Besserwisser sein müssen, um sich überhaupt behaupten zu können. Die Spielregeln einer parlamentarischen Demokratie bringen es nämlich mit sich, dass der Vorschlag, den eine Gruppierung macht, von der oppositionellen Partei fast automatisch in Bausch und Bogen verdammt werden *muss*. Wenn die einen die Steuern erhöhen wollen, nennen die anderen dies unverantwortlich, und wenn sie dann irgendwann gewählt wurden, entscheiden sie sich womöglich lautstark dafür, über Steuererhöhungen »nachzudenken«, was die nunmehr abgewählten sofort scharf kritisieren. Das alles bringt unserer Regierungsform zwar nicht unbedingt einen Vertrauenszuwachs, sollte aber möglichst nicht allzu ernst genommen werden, weil es eben einfach zur großen

Scharade dazugehört. Oder wäre es Ihnen lieber, dass einer die Steuern erhöht und alle anderen, die das nicht so dufte finden, einfach in den Tümpel wirft? Mit einem Gewicht an den Füßen?

Zurück zu den einleitenden Sätzen des vergangenen Absatzes und der Betrachtung der »Ich bin gewählter Volksvertreter und weiß deswegen prinzipiell alles«-Mentalität vieler Abgeordneter. Diese Haltung führt unweigerlich dazu, dass die Mandatiers sich mit Einmischungen und Ratschlägen eher schwertun – mögen sie auch noch so eloquent formuliert und gut gemeint sein. So riet der damalige Chef der SPD-Bundestagsfraktion und späte Verteidigungsminister Peter Struck seinen Parteikollegen:

»Wenn man keine Ahnung hat, einfach mal die Klappe halten.«

Ist ja per se nicht unbedingt falsch, war dem kollegialen Austausch jedoch nicht besonders förderlich. Ebenfalls höchst unwirsch reagieren Volksvertreter, wenn das Volk selbst sich einmischen möchte, was der langjährige rheinland-pfälzische Ministerpräsident Kurt Beck am Rande eines TV-Interviews einem Zwischenrufer deutlich zu verstehen gab:

»Einfach mal das Maul halten.«

Und nachdem der renitente Störenfried darauf beharrte, lediglich ehrlich seine Meinung kundzutun, da schob Beck noch ein geschwindes

»Sie sind nicht ehrlich. Sie sind dumm.«

hinterher, was in diesem speziellen Fall zwar vielleicht sogar zutreffend war, was ein Politiker jedoch in aller Regel tunlichst nicht sagen sollte, legt er Wert darauf, nicht als arrogant und/oder bösartig gelten zu wollen. Na ja – andererseits war's Beck zu diesem Zeitpunkt möglicherweise sowieso schon wurscht, neigte sich seine Amtszeit als Ministerpräsident doch dem Ende zu. Der Mann, der angeblich mehr Hände geschüttelt als Genscher Flugmeilen gesammelt hatte, übergab sein Amt wenig später an eine Dame namens Malu Dreyer. Und bevor Sie sich jetzt fragen, wie man mit einem solchen Vornamen in die Politik gehen kann und ob damit möglicherweise der – Vorsicht, es folgt ein echter Brüller – »Amts-Malus« schon vorweggenommen werden soll, seien Sie daran erinnert, dass im Nachbarbundesland eine Frau ins höchste Amt geriet, die tatsächlich Kramp-Karrenbauer heißt. Da macht's der Vorname auch nicht mehr fett …

Und weil wir soeben das Thema »Arroganz« streiften, kommen wir an Joschka Fischer nicht vorbei. Okay, es gab Zeiten, da kam man nicht einmal mehr in einen Aufzug im Bundestagsgebäude, wenn des Außenministers raumfüllende Gestalt sich hurtig hineingezwängt hatte, und von »An ihm vorbei-Kommen« konnte nicht einmal in weitläufigen Fluren die Rede sein. Dann jedoch fand der grüne Joschka heraus, dass Zucker prinzipiell zwar ökologisch durchaus korrekt an- und abgebaut wird, allerdings trotzdem nicht löffelweise verzehrt werden sollte, und speckte ab. Und dadurch wiederum erwarb er sich die Berechtigung, gegenüber dem tausendjährigen Kanzler die folgende Schmähung rauszukloppen:

»Sie sind drei Zentner fleischgewordene Vergangenheit!«

Wenig später wog Joschka selbst auch wieder drei Zentner und ein paar Zerquetschte (nein, dies ist keine Anspielung auf Fischers frühere Gattinnen) und beherzigte den Rat mit dem Glashaus und den Steinen. Stattdessen kanzelte er unangenehme Zeitgenossen mit stilsicheren Repliken wie ...

»Alles ist möglich. Selbst dämliche Fragen wie Ihre.«

... ab und sparte nicht an ... öööh ... nennen wir's mal »subtilen Andeutungen«, was seine Kollegen im Bundestag betraf:

»Eine unglaubliche Alkoholikerversammlung, die teilweise ganz ordinär nach Schnaps stinkt.«

Dass der einstige Turnschuh-Minister sich damit nicht ausschließlich Freunde machte, bedarf wohl keiner weiteren Erwähnung. Doch angesichts des im folgenden Ausspruch dokumentierten Selbstbewusstseins dürfte sich Joschkas Traurigkeit über einen Mangel an ihm emotional verbundenen Mitstreitern in engen Grenzen halten:

»Ich war einer der letzten Rock 'n' Roller der deutschen Politik. Jetzt kommt in allen Parteien die Playback-Generation.«

Joschka Fischer wird uns auch in der Hitliste am Ende dieses Kapitels noch einmal begegnen, doch zuvor verweilen wir noch ein wenig bei den echten Schmähungen und verbalen Ausrutschern, auch wenn der folgende Satz von Sigmar »Gummibärchen« Gabriel:

»Wenn wir jeden, der bei uns mal Blödsinn erzählt oder uns Probleme macht, ausschließen, dann wird's auf die Dauer einsam.«

... uns natürlich stets daran erinnern sollte, nicht allzu nachtragend sein zu wollen. Doch weil wir gerade bei den Sozis und dem »Nachtragend« sind, muss die Frage erlaubt sein, ob Edmund Stoiber (ja, schon wieder!) es Horst Ehmke je verziehen hat, dass jener ihn *»dieses Schwein«* genannt hat. Der ministerpräsidiale Vorvorgänger des so als Paarhufer Beschimpften hingegen war bekanntlich selbst kein Kind von Traurigkeit und konnte mit der folgenden Charakterisierung seiner Person durch besagten Ehmke vermutlich weit besser leben:

»Strauß? Dieses bayerische Rumpelstilzchen.«

Zumal Franz Josef ja, wie hinlänglich bekannt, selbst mächtig auszuteilen verstand. An der dementsprechenden Legendenbildung nicht unschuldig waren Charakterisierungen wie die des umstrittenen FDP-Politikers Jürgen W. Möllemann:

»Riesenstaatsmann Mümmelmann.«

Goldig, oder? Möllemann wird's mit einem Schulterzucken quittiert haben, war ihm doch schon weit Schlimmeres um die Ohren geschlagen worden, auch und gerade aus der eigenen Partei. Deren Exvorsitzender Otto Graf Lambsdorff hatte öffentlich gefragt, ob dieser Möllemann *»wirklich noch ganz normal«* sei, und Irmgard Schwaetzer (da kann niemand was dafür; die Frau heißt wirklich so) bezeichnete ihn im Gerangel

um den Posten des Außenministers im April 1992 wörtlich als
»intrigantes Schwein«.

Angesichts dieser Charakterisierungen dürfte Mümmelmann
mit dem – natürlich ebenfalls von einem Parteifreund (Hermann
Otto Solms) geäußerten – *»Quartalsirren«* schon kaum
noch Probleme gehabt haben, zumal ihm mittlerweile auch
ein Satz von Heiner Geißler geläufig gewesen sein dürfte:

*»Die Berühmtheit eines Zeitgenossen ist unmittelbar mit der
Dummheit seiner Bewunderer verbunden.«*

Dies hatte Geißler, in jenen Jahren eine Art rhetorische Pump-
gun der CDU, zwar auf Rudolf »Der Mann, der langsamer sprach
als sein Schatten« Scharping gemünzt, passte aber durchaus
auch auf Möllemann. Hatte jedenfalls mehr Stil als das, was
Hans Klein – ein CSU-Politiker mit der Ausstrahlung einer defekten Energiesparlampe und dem rednerischen Talent eines
Gummibaums – über einen Grünen-Abgeordneten zu sagen
hatte:

»Ströbele ist ein Gangster.«

Wobei man zu Kleins Ehrenrettung allerdings anmerken muss,
dass die Bezeichnung »Gangster« für einen politischen Gegner
für ihn wohl so gewagt war wie ein »Fuck off« aus dem Munde
des Dalai Lama. Auch wenn Hansemann, vermutlich zwecks
Aufhübschung seiner an und für sich beinahe bedeutungslo-
sen Politexistenz, darauf bestand, »Johnny« genannt zu werden, was in etwa so passend war wie der Ausdruck »steiler
Zahn« im Zusammenhang mit Heide Simonis, auch wenn diese
sich nach Beendigung ihrer Laufbahn in einen scharfen Fum-

mel zwängte und als verhinderte Dancing Queen durch eine furchteinflößende RTL-Show stakste. »Johnny« Klein, so viel steht fest, hätte jedenfalls nicht mal ein scharfer Fummel geholfen, irgendwie interessanter zu wirken.

Wesentlich mehr Beziehung zum verwendeten Schimpfwort hatte vielleicht Hermann Otto Solms (FDP), als er über seinen SPD-Kollegen Norbert Gansel das scheinbar vernichtende Urteil fällte:

»Das ist ein Stinktier.«

Natürlich muss in diesem Zusammenhang die Frage gestattet sein, warum der Terminus »Stinktier« überhaupt als Beleidigung zu werten ist, sind diese rein optisch durchaus possierlich zu nennenden Vierbeiner doch wehrhafte und ehrbare Geschöpfe. Beängstigend sind lediglich die beiden paarartig angeordneten Analdrüsen, die ein übel riechendes Sekret bis zu sechs Meter weit in Richtung eines Angreifers versprühen können, was uns fast zwangsläufig zu der Frage bringt, ob a) Stoibers Speichel, b) Guttenbergs Geltröpfchen oder c) Sigmar Gabriels Essensreste nicht noch wesentlich weiter fliegen, wenn die Besagten sich erst einmal in Rage geredet haben. Und überhaupt: Was ist mit all dem übel riechenden Wortmüll eines Philipp Röslers? Oder eines Markus Söders (Definition A: aufstrebender Minister in Bayern; Definition B: anderes Wort für den Gottseibeiuns)? Oder eines Stefan Mappus'? Lieber Norbert Gansel: Tragen Sie die Bezeichnung »Stinktier« mit Würde und Stolz – in Ihrem Umfeld ist das eine Auszeichnung.

Bevor wir uns gleich den Top 12 dieses Kapitels zuwenden, haben wir ein Zitat von ganz eigener Wesensart herausgekramt, dem man nicht die Ehre einer Würdigung in unserer Liste erweisen sollte. So entblödete sich der fränkische CSU-Provinzfürst und sich selbst offensichtlich als zukünftiger Messias sehende Markus Söder nicht, dem damaligen SPD-Kanzler Gerhard Schröder dieses Versäumnis vorzuwerfen:

»Schuld am Zuwachs der NPD ist Schröders Politik der faulen Hand.«

Diesen Satz als dämlich oder dummdreist zu bezeichnen, würde seiner dumpfen Gemeinheit nicht gerecht. Wer Markus Söder kennt – selbst sein eigener Vorgesetzter, der bayerische Ministerpräsident Horst Seehofer, sprach im Zusammenhang mit seinem Parteifreund davon, dieser sei »vom Ehrgeiz zerfressen« und betreibe »Schmutzeleien« –, der weiß, dass diesem Haudrauf der Geschmacklosigkeit sehr wohl klar war, was er tat, als er einen Sozi-Kanzler verbal in die Nähe einer menschenverachtenden Ideologie rückte. Nun ja, Markus Söder stammt aus Nürnberg. Zweifellos eine schöne Stadt, aber nicht immer frei von ideologischen Fehltritten. Ob bei M. S. da etwas hängen geblieben ist? Oder ist diese Mutmaßung total geschmacklos? Tja ...

Und damit nun zur Hitliste der Entgleisungen aus Politikermündern. Wir beginnen mit einem schon mehrfach zitierten Protagonisten, der es meisterhaft verstand, seiner Umwelt in Worten so klar wie ein sanft dahinplätscherndes Gebirgsbächlein mitzuteilen, was er von ihr hielt: Joschka Fischer.

PLATZ 12:

»Herr Präsident, Sie sind ein Arschloch, mit Verlaub!«

So rief es der damals noch nicht ministeriable Grünen-Abgeordnete Fischer dem Bundestagspräsidenten Richard Stücklen entgegen. Dieser hatte Fischer kurz zuvor nach dessen wiederholten Zwischenrufen während einer Bundestagsdebatte des Saales verwiesen, was der solcherart Bestrafte nicht einfach hinzunehmen bereit war. So kam es am 18. Oktober 1984 zu jenem berühmten Ausspruch, den seitdem bereits Generationen von Politikwissenschaftlern und Semantikern durchgekaut haben. Alle kamen zum selben Resultat: Das Wort »Arschloch« war vielleicht nicht ganz so nett, aber Fischers abschließendes »mit Verlaub« verströmte einen so nostalgisch wohligen Altherrencharme, dass man fast geneigt sein müsste, ihm die vorige Entgleisung augenzwinkernd nachzusehen.

Und weil's so schön war, verharren wir noch einen Moment bei diesem Begriff, der mittlerweile so inflationär gebraucht wird, dass er in bestimmten Kreisen schon gar nicht mehr als beleidigend durchgeht. Wenn Kevin (korrekte Aussprache: »Keffin«) und Jennifer (»Tschenniffer«) aus Magdeburg-Neue Neustadt (doch das gibt's tatsächlich dort: einen Stadtteil mit Namen »Neue Neustadt«) sich unterhalten und der Kevin sagt über den gerade abwesenden Jason (sprich: »Scheeesenn«) in bewunderndem Ton »Das ist echt ein krasses Arschloch«, dann ist das eben keine Schmähung mehr, sondern Kevin versucht damit eine grundsätzliche Anerkennung über des besagten Jasons Leistungen in Vergangenheit und Gegenwart zu kommunizieren. Oder, für Jennifer noch etwas eingängiger formuliert: Kevin findet René endkrass geil. Oder so.

Der Terminus »Arschloch« hat in diesem Fall den früher gerne verwendeten Begriff »starker Typ« vollständig verdrängt.

Ob Herbert Wehner eine Vorahnung solcher seinerzeit eher unwahrscheinlich anmutender Modifikationen der Sprache hatte? Wohl eher nicht. Schade eigentlich – doch umso bemerkenswerter der von ihm geäußerte Aufklärungsversuch in Richtung seines damals noch jugendlichen Kollegen Hans-Jürgen Wischnewski im Jahr 1957. Der spätere »Ben Wisch« war neu im Bundestag und wunderte sich über die Sitzverteilung im Plenum. Dort nämlich wurden die Plätze nach dem Alphabet vergeben, was den alten Haudegen Wehner zur folgenden, durchaus vielschichtigen Bemerkung veranlasste:

PLATZ 11:
»Hier musst du Arschloch heißen, wenn du nach vorne willst.«

Nun, Wischnewski und Wehner mussten jedenfalls ziemlich weit hinten Platz nehmen – doch sie deswegen »Hinterbänkler« zu schmähen, würde den beiden alles andere gerecht.

Auch Platz 10 besetzt Herbert Wehner, ein Mann, dessen Gesicht zerfurchter war als eine irische Torfabraumhalde nach Wintereinbruch. Von der Union ständig an seine kommunistische Vergangenheit erinnert, keilte Onkel Herbert gerne aus, und wenn's sein musste, war er sich auch für das eine oder andere deftige Wortspiel nicht zu schade. Mit seiner Umbenennung des Abgeordneten Jürgen Todenhöfer jedoch ging er nach Meinung vieler eine Spur zu weit – manche bemängelten aber auch bloß, so munkelt man zumindest, dass nicht mal ein echtes Anagramm dabei herauskam:

PLATZ 10:

»Herr Hodentöter«,

nannte er den CDU-Parlamentarier und kassierte ob dieser Dreistigkeit einen Ordnungsruf. Insgesamt brachte er es davon auf stolze 78 während seiner 34-jährigen Zugehörigkeit zum Bundestag – Glückwunsch, Rekord! Übrigens war der »Hodentöter« nicht Wehners einzige auf dem Namen des jeweils Beschimpften basierende Verunglimpfung. Den Parlamentarier Jürgen Wohlrabe titulierte er als *»Übelkrähe«.* Boah. Brüller. Der Mann war halt 'ne Marke ... nicht auszudenken, was ihm zu »Westerwelle« eingefallen wäre. Übrigens machte Herbert, der Dschingis Khan der gelebten Verbalattacke, auch vor Kollegen aus der eigenen Partei nicht halt. Einem nicht mehr bekannten Sozialdemokraten riet er dringend dazu, sich doch bitte schön in »Genosse Arschloch« umzubenennen, womit wir wieder bei diesem *All-time*-Favoriten unter den Entgleisungen wären. Von wegen *repetita non placent* und so ...

PLATZ 9:

»Journalisten sind nichts anderes als Fünf-Mark-Nutten.«

Als Außenminister galt Joschka Fischer während der Regierung Schröder bekanntlich als Liebling der Massen und Medien – ein paar Jahre zuvor war dies noch nicht unbedingt der Fall gewesen. Seine auf Platz 9 liegende Journalistenschelte des Jahres 2001 war seinerzeit zwar kein großer Aufreger, ist jedoch nach wie vor dazu angetan, darüber nachzudenken, welchen Niveau-Limbo auch ein späterer Chefdiplomat in durchaus bereits fortgeschrittenem Erfahrungsstadium zu unterbieten in der Lage war. Oder anders ausgedrückt: Geschmackloser, pauschaler und dümmer hätte auch ein brandenburgischer NPD-Abgeordneter, der demokratische Parteien als einen Haufen sozialistisch verseuchter Irrlichter betrachtet und unter Pressefreiheit die Freiheit versteht, Zeitungsschmierer vor Standgerichten abzuurteilen, seine dumpfen Vorurteile nicht in Worte kleiden können.

Viel geschmackvoller und gehaltreicher wird's leider auch auf Platz 8 nicht, aber angesichts der Kapitelüberschrift konnte man dies ja wohl auch kaum erwarten ...

PLATZ 8:
»Mini-Goebbels!«

»Und wenn man glaubt, er denkt nicht mehr, kommt von irgendwo ein Nazi her.« So oder zumindest so ähnlich funktioniert der Reflex bei gar nicht so wenigen Berufspolitikern, die mal so richtig auf die Kacke hauen wollen. Wenn der politische Gegner sich so gar nicht kleinreden lassen will, wenn da einer ganz und gar andere Ideen vertritt und diese womöglich auch noch äußert – dann wird ganz schnell in die Schmuddelschatulle der deutschen Historie gegriffen und bezeichnenderweise fällt dann immer ganz rasch der Goebbels-Vergleich. So war's wohl auch beim Abgeordneten Dietmar Kansy (CDU), dessen politische Lebensleistung abseits dieser üblen Geschmacklosigkeit mühelos auf einem Stecknadelkopf ihren Ehrenplatz findet. Mit seinem »Mini-Goebbels«, als den er den damaligen Grünen Otto Schily bezeichnete, hatte jedoch auch er seine fünf Minuten im Rampenlicht. Bravo.

Bleiben wir noch ein wenig bei den lange Zeit wohlfeilen

Anspielungen auf die kurze, aber blutige Ära des Nationalsozialismus. Den folgenden Satz äußerte Heiner Geißler, damals Generalsekretär der CDU, im Zuge einer Debatte zur Verteidigungspolitik. Bis zum heutigen Tag beschwert sich Geißler – später ein eher nachdenklicher und besonnener Vertreter seines Fachs – darüber, dass der Satz aus dem Zusammenhang gerissen wurde, doch selbst wenn man den Zusammenhang berücksichtigt, kommt man nicht umhin, ihn als ungeheuerliche Entgleisung zu betrachten:

PLATZ 7:
»Der Pazifismus der dreißiger Jahre hat Auschwitz erst möglich gemacht.«

Die gesamte Passage jener Rede vom 15. Juni 1983 lautete wie folgt: »Der Pazifismus der dreißiger Jahre, der sich in seiner gesinnungsethischen Begründung nur wenig von dem unterscheidet, was wir in der Begründung des heutigen Pazifismus zur Kenntnis zu nehmen haben, dieser Pazifismus der dreißiger Jahre hat Auschwitz erst möglich gemacht.«

Egal, wie man es dreht und wendet: Geißler verknüpfte hier zwei Dinge miteinander, die nicht in einem Atemzug genannt werden können – unabhängig davon, ob sich eine historische Rechtfertigung konstruieren ließe, was einer Mehrheitsmeinung unter Historikern zufolge ohnehin nicht möglich ist. Tatsache ist und bleibt, dass Geißler sein politischer Instinkt an dieser Stelle vollständig im Stich ließ –, nicht einmal einem irrlichternden Ewiggestrigen einer dünkelhaften Burschenschaft wäre eine ähnlich aberwitzig formulierte Phrase über die Lippen gekommen.

Und wenn's mit der Geschichtsklitterung mal nicht so hinhauen will, dann findet der versierte Politstratege garantiert noch andere Peinlichkeiten, mit denen es sich frohgemut für den Pöpel jonglieren lässt. Wie wär's beispielsweise mit ein wenig Homophobie?

PLATZ 6:

»Ich will lieber ein Kalter Krieger sein als ein warmer Bruder«,

tönte Franz Josef Strauß im Januar des Jahres 1971 in einem Zeitungsinterview, und da stellen sich uns zunächst mal einige Fragen. Erstens: War Franz Josef Strauß tatsächlich so stolz darauf, als »Kalter Krieger« zu gelten, dass er dies sogar in dummdreisten Wortspielen zum Besten geben musste? Und musste dieser Satz so interpretiert werden, dass Strauß die fundamentalistische Reglementierung menschlicher Sexualität mehr am Herzen lag als der Frieden zwischen den Machtblöcken? War das jetzt zu kompliziert? Wie wär's mit: Lieber erschossen als ein Hinterlader? Wie man es auch dreht und wendet – der Ausspruch war von Begriffen wie »Sinn« und »Anstand« weiter entfernt als Boris Jelzin von der Teilnahme an einer Sitzung der anonymen Alkoholiker. Hicks. 'tschuldigung.

PLATZ 5:

Auf Platz 5 folgt einer, den nicht nur politische Kontrahenten gerne als Mäntelchen-in-den-Wind-Hänger sehen: Jürgen Rüttgers. Dem war zunächst das als unmöglich geltende Kunststück gelungen, die Sozis in Nordrhein-Westfalen aus der Regierungsverantwortung zu kegeln. Anschließend betätigte er sich vornehmlich als eine Art Volkstribun mit Randlosbrille, gab das »soziale Gewissen« der Union, was eigentlich impliziert, dass die Partei ohne ihn keines hätte, und vermarktete sich als Linksaußen seiner Partei, der auch mit dem Kumpel aus der Kohlenzeche nach Feierabend ein Bierchen zischen kann. Und weil der besagte Kumpel mehrheitlich auf Verallgemeinerungen und blöde Plattheiten steht – denkt jedenfalls Herr Rüttgers –, ließ er einfach mal den folgenden Spruch in den mittlerweile smogfreien Himmel über Rhein und Ruhr entweichen:

»Kinder statt Inder.«

Jawollja. Und Binder statt Rinder – ein Hoch der Krawatte. Und Pinke statt Linke. Und Würgen statt Jürgen. Weitere Vorschläge bitte an den Verlag. Werden dann unverzüglich weitergeleitet an jenen sich im Ruhestand befindlichen Spontanlyriker, der seinen Kinder-und-Inder-Schwachsinn äußerte – naturgemäß im Wahlkampf. Was er damit sagen wollte? Nun, es war von der rot-grünen Bundesregierung angedacht worden, ausländische – und beileibe nicht nur indische – Computerspezialisten mit deutschen Visa auszustatten, weil die deutsche Industrie in jenen Jahren einen extremen Nachwuchsmangel bei IT-Spezialisten beklagte. »Da lässt sich doch was ausschlachten«, dachte sich der quicke Jürgen und haute ohne Sinn und Verstand seinen Kinderspruch raus, der wörtlich folgendermaßen nachzulesen war: »Statt Inder an die Computer müssen unsere Kinder an die Computer.« Ob und wie die damalige Notlage mithilfe Dreijähriger hätte gelöst werden sollen – diese Antwort blieb Jürgen Rüttgers allerdings schuldig. Egal. Hauptsache, der Müll hat sich gereimt und ist ins kollektive Gedächtnis ein-gesickert. »Ey, Atze, weißte noch, dat Rüttgers und sein Kin-der-für-Inder-Zeugs.« »Klar. Weiß ich noch. Und?« »Hab heute dem Ali von der Dönerbude die Fresse endgeil poliert. Und als so 'n Sack gefragt hat, warum ich dat mache, sach ich: Na, we-gen ›Kanake is Kacke.‹ Geil, oder? Reimt sich auch supi. Wie bei dem Rüttgers. Geiler Typ.«

PLATZ 4:

Im Februar 1986 war es, da bitzelte es auch den CDU-Abgeord-neten Adolf (sic!) Müller aus Remscheid, Baujahr 1916 und somit offenbar schon aus dem Gröbsten raus, wieder einmal in den Hirnanhangsdrüsen, und es bahnte sich ein Naziver-gleich durch die Luftröhre seinen Weg nach draußen:

»Ihr seid die Nazis von heute!«

... entfuhr es jenem Mann, der es dank der Gnade seiner doch sehr frühen Geburt ja eigentlich wirklich wissen musste. Wa-ren die Grünen seinerzeit nicht wirklich ein bisschen diabo-lisch? Dieses ständige Stricken und Häkeln während der Par-teitage – das diente doch eindeutig der Kriegsvorbereitung. Oder zumindest der Machtübernahme. Und dann diese stän-digen Beschwerden wegen des Waldsterbens. Genau wie die Nazis. Die waren doch auch immer so für die teutsche Natur und so ... Also, für Adolf Müller war die Sache klar, die Ähn-lichkeiten lagen auf der Hand. Nur, wer bei diesem komischen Haufen der Führer sein könnte, das war ihm noch nicht er-sichtlich. Der Turnschuhtyp kam jedenfalls nicht in Frage ...

PLATZ 3:

Letztlich jedoch sollten wir uns nicht allzu dolle beschweren, denn hierzulande respektieren die allermeisten Politschaffenden zumindest die wichtigsten Grenzen. Das ist nicht überall so, wie uns Fuad Hassan beweist. Der ehemalige indonesische Minister für Kultur (!) und Bildung erklärte während einer Parlamentsdebatte einem leider namentlich nicht mehr ermittelbaren Redner der Opposition:

»Ich spucke auf deine Worte, ich spucke auf deine Meinung, ich spucke auf dich. Du widerlicher Sohn einer Kröte.«

Okay, wir können wohl davon ausgehen, dass Dr. Hassan (der seinen Titel übrigens in Psychologie erworben hatte) in diesen Augenblicken emotional ein wenig außer Tritt geraten war, und die Wortwahl legt die Vermutung nahe, dass wenig später auch spontaner Schusswaffengebrauch für ihn im Bereich des Möglichen gelegen hätte. Dies könnte auch für unseren Platz 2 gelten, den ein Herr aus Südkorea mit Fug und Recht für sich reklamiert:

PLATZ 2:
»Die Meinung dieser Leute ist nicht wichtiger als die Scheiße einer Krähe. Und diese Leute selbst sind noch unwichtiger als das Arschloch eines Flohs.«

Nun kann man beim besten Willen nicht behaupten, dass Chung Mong-joon, ehemaliger südkoreanischer Präsidentschaftskandidat, Abgeordneter und Expräsident des südkoreanischen Fußballverbandes, in einer Debatte um Kritik an der Fußball-WM 2002 in Japan und Südkorea Unklarheiten an seiner Auffassung zuließ. Im Gegenteil: Selten hat man so eine geschliffene Replik auf eine viel zu allgemein formulierte Gegnerschaft gehört – zumindest in unseren verweichlichten Breiten erschließen sich anhand solcher Beispiele ganz neue rhetorische Möglichkeiten. Nehmen wir doch mal die Einführung der Autobahnmaut für Lkw. Wissen Sie noch? Diese Geschichte voller Pleiten, Pech und Pannen? Oder der Berliner Großflughafen? Dessen Eröffnung so oft verschoben wurde, dass Kritiker bereits ein UFO-Terminal anbauen lassen wollten, damit man bei der Einweihung nicht gleich nachrüsten müsse. Da hätte doch Berlins Regierender Bürgermeister Klaus Wowereit einfach mal seine Kritiker in die Schranken weisen können: *»Die Kritik dieser kleinen Pisser geht mir so was von am Arsch vorbei wie der Dünnschiss eines mecklenburgischen Karnickels.«* Ha! Das klingt doch gleich viel besser als: »Ich verwahre mich gegen diese Unterstellungen.« Gähn.

Und damit kommen wir nun zu Platz 1 unserer Charts der schlimmsten Entgleisungen von Politikern. Die Spitzenposition gebührt einem Mann, der schon in einem anderen Kapitel dieses Buches (kleiner Tipp: Es geht um Unwahrheiten) einen Ehrenplatz erhalten hat: Richard »Tricky Dick« Nixon. Der amerikanische Präsident, der seinerzeit bekanntlich über die Watergate-Affäre gestolpert war, hatte keine allzu hohe Meinung vom damaligen schwedischen Ministerpräsidenten Olof Palme, der für sein Land eine Politik der Neutralität anstrebte und sich offiziell für keinen der beiden Machtblöcke entscheiden wollte. Nixon bewies daraufhin in einem Rundfunkinterview eindrucksvoll, dass diplomatisches Gesäusel nicht immer hilfreich sein muss, um die eigene Meinung wirklich auf den

Punkt bringen zu können. Auf wiederholte Nachfragen des Reporters, wie er denn die Haltung Palmes beurteile, sprach der Präsident:

PLATZ 1:
»Dieses schwedische Arschloch.«

Noch Fragen?

Kapitel 4

»... UND MAN MUSS DANN SEHR SCHNELL MAL DURCH 2, AUF 2, ALSO MAL 2 RECHNEN«

DIE KOMPLIZIERTESTEN FORMULIERUNGEN

*E*ure Rede sei ja, ja, sei nein, nein. Steht so sogar schon in der Bibel. Würde aber gut in eine von teutonischen Herrenmenschen verfassten Gebrauchsanweisung für den Sprachunterricht ukrainischer Haushaltshilfen passen. Wie dem auch sei – fest steht, dass Politiker in aller Regel weit mehr Wörter als »ja« und »nein« benötigen, um so gut wie gar nichts zu sagen. Darüber mag man sich wahlweise echauffieren oder amüsieren – weder Volkes Erheiterung noch des Pöbels Empörung werden langfristig daran etwas ändern. Sehr schön zu beobachten ist dies in gewissen Abständen an neuen Parteien. Zu Beginn ihrer parlamentarischen Laufbahn waren beispielsweise die deutschen Grünen wahre Meister in der Kunst der klaren Ansage, doch schon nach wenigen Jahren klangen ihre Abgeordneten genauso abgehoben, verschwurbelt und unsäglich nichtssagend wie der große Rest ihrer Kollegen.

Woran das liegt? Tja, vielleicht färbt Politsprech ab. Vielleicht ist das wie eine Art Virus, der über die Luft übertragen wird. Nehmen wir doch nur Edmund Stoiber: Ist Ihnen am ehemaligen bayerischen Ministerpräsidenten nicht auch bereits aufgefallen, dass er, sobald er sich ereifert, eine, nun, eine sehr feuchte Aussprache hat? Soll heißen: Der Speichelfluss des wütigen Edi hätte in bestimmten Momenten sicherlich ausgereicht, um der Wüste Gobi eine Fülle pflanzlichen Lebens zu verschaffen, und diese Tatsache wiederum mag als Indiz für unsere Theorie von der Tröpfcheninfektion stehen. Oder wie erklären Sie es sich sonst, dass junge Staatssekretäre oder Parteisoldaten der CSU nach einem oder mehreren Gesprächen mit der Wolfratshausener Version einer sprechenden Quarktasche samt und sonders nur noch Worthülsen absondern? Ehrlich: Eine Konversation mit dem Zerstoiber führte in den meisten Fällen unweigerlich zum Verlust der eigenen Sprachmächtigkeit – was bleibt, sind zuweilen unheilbare Attacken sinnloser Vokabeldiarrhö. Das folgende Fallbeispiel für die schier unglaubliche Zersetzungsmacht stoiberscher Verbalbarbiturate ist zwar bundesweit bereits bekannt, soll Ihnen in diesem Zusammenhang jedoch noch einmal in seiner ganzen grenzenlosen Pracht ins Gedächtnis gerufen werden:

»Wenn Sie vom Hauptbahnhof in München mit zehn Minuten, ohne dass Sie am Flughafen noch einchecken müssen, dann starten Sie im Grunde genommen am Flughafen am ... am Hauptbahnhof in München starten Sie Ihren Flug zehn Minuten – schauen Sie sich mal die großen Flughäfen an, wenn Sie in Heathrow in London oder sonstwo meines Charles de Gaulle in äh Frankreich oder in äh in ... in Rom, wenn Sie sich mal die Entfernungen ansehen, wenn Sie Frankfurt sich ansehen, dann werden Sie feststellen, dass zehn Minuten Sie jederzeit locker in Frankfurt brauchen, um Ihr Gate zu finden. Wenn Sie vom Flug – äh vom Hauptbahnhof starten, Sie steigen in den Hauptbahnhof ein, Sie fahren mit dem Transrapid in zehn Minuten an den Flughafen in ... an den Flughafen Franz Josef Strauß, dann starten Sie praktisch hier am Hauptbahnhof in München.«

Sie werden einräumen müssen, dass diese Bewerbungsrede zugunsten des Baus einer vollständig sinnlosen Stelzenbahn für Technofreaks von einer geradezu klassischen, zeitlosen Schönheit ist. Hier wusste einer nicht nur nicht, was er sagen wollte, er vergaß zudem auch noch beim Sprechen, wie es auszudrücken sei. Fantastisch. Und natürlich, liebe Kinder, nicht zur Nachahmung empfohlen, denn wenn ein normaler Grundschüler im Laufe seines ersten Schuljahres auch nur ein einziges Mal eine ähnliche Antwort gibt, gilt er fortan als Musterbeispiel für die Überforderung der Inklusion.

Für die Theorie der Tröpfcheninfektion spricht auch das nun folgende Beispiel, das wir einem Mann verdanken, der in der politischen Landschaft Bayerns trotz seines Abgeordnetenmandats ungefähr so viel Spuren hinterlassen hat wie eine einzelne Schneeflocke im sibirischen Jahrhundertwinter: Reinhard Pachner. Dieser Mann war in seinen besten Zeiten angeblich Bildungsexperte der christsozialen Mehrheitsfraktion im Bayerischen Landtag, doch wer ihn je erlebt hat, wird schon allein ob dieser Bezeichnung in ein ebenso haltloses wie an nackten Wahnsinn gemahnendes Kichern ausbrechen. Dessen ungeachtet hatte er irgendwann kurz nach der Jahrtausendwende eine Rede zu halten, um die Einführung des Büchergeldes in Bayern zu rechtfertigen. Damals war beschlossen worden, Eltern müssten sich am Kauf von Schulbüchern beteiligen, was im Falle des bayerischen Gymnasiallehrplans vergleichbar ist mit dem Vorschlag, der verurteilte Delinquent müsse dem Henker die Abnutzung des Fallbeils erstatten. Egal, lesen Sie, staunen Sie: Hier bricht sich altbayerische Eloquenz unaufhaltsam Bahn:

»Wenn Herr Maget nun sagt, er müsse ein Buch kaufen, weil es in der Klasse ein solches Buch überhaupt nicht gebe, dann halte ich ihm entgegen, dass diese Befreiung ja auch in der sozialen Komponente enthalten ist, ebenso wie in der Bestimmung zur Büchergeldbefreiung. Wenn er das Buch selbst kauft, ist er befreit, und wenn ich weiß, dass es von Haus aus kein Buch gibt, und es selbst kaufe, dann brauche ich die 40 Euro Büchergeld ja

doch nicht zu zahlen. Das ist also alles in der sozialen Kompo-
nente enthalten und damit ausgegoren und richtig.«

Ja. Äh. Gut. Vor allem für diejenigen, welche die Bücher kaufen, die es von Haus aus gar nicht gibt. Also für die ist das irgendwie schon voll super, weil die sparen sich beim Bücherkauf
viel Geld. Das wird dann die soziale Komponente sein. Vermutlich. Ist aber nicht sicher. Apropos Geld: Die Einführung des
Euro, der unter anderem auch die heiß geliebte D-Mark ver-
drängte, brachte so manchen Politiker an die Grenzen seiner
mathematischen Kernkompetenzen, wie uns eines Tages wiederum Edmund Stoiber nachdrücklich veranschaulichte:

»Es geht Ihnen vielleicht auch so, die alten Diskussionen laufen
immer noch auf D-Mark, und man muss dann sehr schnell mal
durch 2, auf 2, also mal 2 rechnen.«

Genau. Dann rechnen wir einfach auf der 2 mal mit der 2, behalten 2 im Sinn, tauchen unter der 2 dann durch und erhalten eine 2, wenn wir sie oder die andere mit der 2 subtrahie-
ren. Oder so. Ungefähr. Und dann nehmen wir das Ganze mal
2 und haben – schwups! – einen Rubel. Oder einen Yen. Oder
eine Lira. Ach nee. Die Lira gibt's ja nicht mehr. Schade eigentlich, die Scheine hatten diesen angenehmen Geruch nach
Camorra, Korruption und sizilianischer Gelassenheit ... Ach ja,
das waren noch Zeiten. Die Taschen voller Geld. Toll. Wenn's
auch nur Lire waren ...
    Doch warum in der Ferne schweifen, wenn das Gute sogar
noch ein wenig näher liegt als Bella Italia. Die Rede ist vom angeblich glücklichen Österreich, das zeitgleich mit den Nachbarn
die eigene Währung herschenkte, wobei auch der Schilling sei-

nen ganz besonderen Reiz hatte. Wissen Sie noch, die Münzen? Konnte man sich gar nicht vorstellen, dass es sich dabei wirklich um ein Zahlungsmittel handelte – die Dinger sahen aus, als hätten sie sich vergeblich um einen Job als Platzhalter im Kaugummiautomaten beworben. Ungeachtet dieser abschweifend monetären Reminiszenzen gab und gibt es auch im Land der Berge und des Opernballs Politiker, die selbst einfachste Sachverhalte in die linguale Version eines gordischen Knotens verwandeln können. Wir zitieren einen Debattenbeitrag des ehemaligen österreichischen Vizekanzlers Hannes Androsch:

»Inhaltlich ist festzustellen, dass die Differenz zwischen der angemahnten Stabilität innerhalb dieser Parameter und der realen Situation, die sich unerwartet progressiv entwickelt, in ihrer Dimension nicht voll umfänglich absehbar war.«

Worum es Herrn Androsch ging? Tja. Super Frage, irgendwie, aber es steht zu vermuten, dass weder er selbst noch irgendeiner der damals Zuhörenden das wusste oder gar heute noch weiß. Oberflächlich viel einfacher zu verstehen, aber inhaltlich durchaus verzwickt ist das folgende Grundsatzstatement des ehemaligen schwedischen Ministerpräsidenten Tage Erlander, der das Land von 1946 bis 1969 regierte – immerhin 23 Jahre lang, was sogar noch sieben Jahre mehr sind als Kohls Dauerabo auf den Kanzlerstuhl – und dabei offenkundig tiefe Einsichten in das grundsätzliche Wesen der Politik gewann. Wie anders wäre die folgende Feststellung zu erklären:

»Ein Kompromiss ist eine Abmachung, bei der man großzügig auf die Rechte der anderen verzichtet.«

Oha. Ein Philosoph. Oder war Erlander einfach einer von denen, die auf Teufel komm raus Aphorismen für die Nachwelt absondern wollten? Diesen Verdacht könnte man durchaus auch beim ehemaligen irischen Parlamentsabgeordneten Neil O'Shea hegen, der ein ernstes Thema mit dem folgenden Versuch, ein wenig Pathos in die Debatte einzubringen, gnadenlos der Lächerlichkeit preisgab.

»Sähe ich mit dem Herzen so gut, wie meine Augen sähen, dann wäre mein Herz so voller Tränen, wie es meine Augen niemals sein könnten.«

Und dies wiederum würde dann vermutlich zu einer *Angina pectoris* führen, denn mit einem Stausee in der wichtigsten Pumpstation des menschlichen Körpers können unsere Innereien vergleichsweise wenig anfangen, was wiederum zu einer dramatischen Szene in einer der schärfsten Fernsehserien aller Zeiten führen könnte: *Emergency Room*, Folge 2967, Szene 4: George Clooney – optisch mittlerweile an den späten Reagan gemahnend – zu einer großbusigen, großäugigen und beinamputierten (wegen der sozialen Komponente) Krankenschwester: »Sarah, bringen Sie mir ein Zewa. Wir müssen Neils Abdomen trockenlegen. Sein Herz ist ausgelaufen. Ach ja, bringen sie noch 'ne Pulle Apfelsaft mit: Wir machen uns eine Schorle. Schnell jetzt!«

Und damit nichts wie raus aus der Karrierestartkapsel des melancholischen Womanizers und hinein in das Europa der Gegenwart. Ist mindestens ebenso dramatisch wie jede Krankenhaussoap, hat aber in der Regel – der Brüsseler Bürokratie sei Dank – deutlich mehr Gags zu bieten. Bleiben wir einen Moment in Irland: Die Grüne Insel am Rande des Kontinents, die vormals mehr Schafe als Menschen aufwies und sich darob anschließend erfolgreich anschickte, die Menschen in Rindviecher zu verwandeln und die Schafe sukzessive auszurotten, setzte in den neunziger Jahren vor allem auf zwei Einnahmefelder: Man holte sich IT-Firmen aus aller Welt ins Land, gab ihnen spottbilligen Baugrund, jede Menge Zuschüsse und ließ sie praktisch keine Steuern zahlen und setzte im Übrigen voll auf grundsolide Bankgeschäfte grundsolider Finanzinstitute. Also beispielsweise Derivate von Lehman Brothers. Supi, dachten sich die Iren – wir haben zwar keine Knete, aber wir holen uns diejenigen aufs Inselchen, die davon offenbar zu viel haben. Wird für uns schon was abfallen. War leider ein Trugschluss, denn die IT-Fritzen zahlen noch immer keine Steuern, sondern machen angeblich permanent Verluste und feuern ihre irischen Arbeitskräfte. Und die Banken? Nun, wenn Sie diese Frage ernsthaft stellen, müssen Sie zunächst der folgenden Gegenfrage ins blutunterlaufene Auge sehen: Hatten Sie die vergangenen zehn Jahre eine durch Drogenmissbrauch bedingte Totalamnesie?

Angesichts des irischen Niedergangs der vergangenen Jahre ist es vielleicht auch ein bisschen verständlicher, wenn selbst Bertie Ahern, Premierminister der Guinness-Erfinder, ein wenig ins Schleudern gerät:

»Natürlich werden wir diese Linien ernst nehmen. Wie sollten wir das nicht tun? Diese Linien geben vor … äh … geben vor, woran wir … äh … also, an welchen Linien wir uns in dieser Frage zu orientieren haben … und äh … woran wir uns orientieren können. (Pause) Das sind gute, wichtige Linien. Europa muss uns nicht beweisen, dass wir Europa sind, wir müssen die Linien Europas erkennen und annehmen, um Europa dies zu demonstrieren. Das ist die Wirklichkeit.«

So sagte es Mr. Ahern in einer Parlamentsdebatte, und natürlich fragten sich seitdem weniger Wohlmeinende, ob die von ihm zitierten europäischen Linien möglicherweise aus weißem Pulver bestehen und vorzugsweise in Parlamentstoiletten zu finden sind.

Von europäischen Linien und anderen Krisen scheinbar gänzlich unbeeindruckt ist seit Jahr und Tag die Schweiz. Die alphornbewehrte Kuschelecke der Steuerhinterzieher hält sich viel auf ihre souveräne Neutralität zugute, hat genügend Fränkli auf die eigenen Schwarzgeldkonten transferiert, um auch längere Durststrecken locker zu überwinden, und zeigt im Zweifelsfall den penetrant jammernden Nachbarn auch gerne mal, wo Barthel den Most und Heidi das Bargeld holt. Aus Deutschland, nämlich. In Köfferchen. Weil's so romantisch ist. Zuweilen aber verliert auch der propere Schweizer ein wenig den Überblick, wie der ehemalige Bundeskanzler Karl Huber im Zuge einer Rundfunkdiskussion demonstrierte:

»Daran, und ich sage das in aller Deutlichkeit, führt kein Weg vorbei. Sollte irgendjemand heute noch immer der Meinung sein, diese Entscheidung sei vorausblickend betrachtet falsch, der muss sich – rückblickend betrachtet – die Frage gefallen lassen, welche Optionen Sie sonst noch für die nähere Zukunft sehen, wobei – rückblickend betrachtet – es möglicherweise durchaus Optionen gegeben haben könnte, die jetzt – und damit müssen wir uns in der Gegenwart arrangieren – verwirkt und vorausblickend gesehen auch bedeutungslos für die Gesamtschau sind.«

Nun muss man sich in diesem Zusammenhang, und das sei in aller Deutlichkeit gesagt, natürlich rückblickend fragen, wie viel Toblerone und Enzian sich der Huber-Karle vorausblickend wohl eingepfiffen hatte, weil man rückblickend ja wohl die Option in Erwägung ziehen muss, dass die Alpenschoki möglicherweise hochgradig mit als Milchpulver getarntem LSD (Wer hat's erfunden? Ein Schweizer!) versetzt war, ja, versetzt gewesen sein muss, weil rückblickend betrachtet und vorausblickend gesehen nie jemand ein solches Häufli Wortmüll zuvor (oder danach) im DRS gehört haben kann. Rückblickend gesehen, zumindest.

Doch weil die Schweizer den Ursprung allen Teufelswerks (parlamentarische Demokratie, einheitliche Landessprache und erfolgreiche Fußballer) vermutlich ohnehin in Deutschland vermuten, gestehen wir errötend, dass Karl Huber sich möglicherweise an dem ehemaligen Bundestagsabgeordneten August Berberich ein Beispiel genommen habe könnte. Der erklärte Anno Domini 1954:

»Wenn ich voraussetze, dass dies richtig ist, und das tue ich aus vollster Überzeugung, dann muss ich auch sagen, dass eine gegenteilige Behauptung unrichtig und damit nicht wahr ist, wobei der Terminus ›richtig‹ hier im Kontext mit dem Begriff ›rechtens‹ gesetzt werden muss, wobei ich allerdings seine Korrektheit in einem übergeordneten Sinne nicht in Zweifel zu ziehen vermag.«

Um eventuellen Fragen vorzubeugen: Nein, niemand weiß heute mehr, wovon August Berberich – was für ein Name, übrigens, aber das nur am Rande – seinerzeit sprach. Es steht auch zu vermuten, dass das schon damals niemand wusste. Nicht einmal August Berberich selbst. Schade, eigentlich, war sicher spannend. Möglicherweise.

So viel zum Land von Schokolade, Schwarzgeld und Schwyzerdütsch. Werfen wir nun einen Blick in die »Weiten der Taiga« – um mit dem verhinderten Literaturnobelpreisträger Heinz G. Konsalik zu sprechen – und wenden uns nach Russland. Ein schönes Land. Ausgesprochen geräumig, wenngleich zuweilen auch ein bisschen kalt. Aber man kann halt nicht alles haben. Dort regierte in den vergangenen Jahren – mit einer kurzen offiziellen Pause, die aber eigentlich keiner mitrechnen will – Wladimir Putin, der »lupenreine Demokrat«, wie es uns Gerhard »Gazprom« Schröder erklärte. Väterchen Putin taugt leider allerdings nicht für dieses Kapitel, denn man mag dem Mann vieles vorwerfen können, doch kompliziert formuliert er eher selten. Es sei denn natürlich, Sie empfinden Sätze wie »Ich bin toll, der Rest ist Scheiße« als intellektuelle Herausforderung. Doch weil wir das nicht tun, halten wir uns im Kapitel rund um die am schwierigsten zu verstehenden Gebilde aus Politikermündern lieber an seinen ... ja, was ist er denn nun? ... Adlatus? Marionette? Steigbügelhalter? ... jedenfalls an Dmitri Medwedew. Dieser russische Rotationspolitiker, der seinen Dienst am Vaterland jeweils als Ministerpräsident, Präsident, Ministerpräsident ... usw. versehen muss, holte Luft und gab gegenüber einer amerikanischen Zeitung das Folgende zum Besten:

»Selbstverständlich ist unsere Haltung unzweifelhaft und eindeutig, wobei zu betonen wäre, dass sich die grundlegenden Sachverhalte seit dem Beginn unserer Haltung entscheidend verändert haben, was naturgemäß zu einer Verschiebung der Prioritäten, aber nicht zwangsläufig auch zu einer Änderung unserer grundsätzlichen Auffassung geführt hat.«

Womit mal wieder eindeutig und unmissverständlich klar wird, warum die russische Politik nach Gorbatschow wieder diesen stalinesken Charme eines Mädchenhändlerringes versprüht: einnehmend, glaubwürdig und unglaublich konsequent.

Und damit wieder einmal zur Top 12 jener Formulierungen, die sich einen Platz in den Charts der kompliziertesten Politikerformulierungen wirklich hart erarbeitet haben. Den Auftakt macht der ehemalige österreichische Bundeskanzler Fred Sinowatz, ein Mann, der dem braven Soldaten Schwejk wie aus dem Gesicht geschnitten schien und dessen Wesensart tatsächlich eher in Richtung der lange unterschätzten »gemütlichen Gemeinheit« ging.

Im Zuge einer Art Podiumsdiskussion zum Thema »Bildung« im österreichischen Fernsehen sonderte Herr Sinowatz die folgenden, durchaus bemerkenswerten Worte ab:

PLATZ 12:
»Was ich damit sagen wollte? Ich wollte, vielmehr will ich damit sagen, dass jene, von denen ich gerade gesprochen habe, irgendwann nicht mehr umhinkönnen, dem, was ich unlängst zu diesem Thema bereits gesagt habe, aus vollem Herzen und aus Überzeugung zuzustimmen, auch wenn sie dies momentan möglicherweise noch nicht sagen wollen oder können.«

Nun mag der eine oder andere geneigte Leser einwenden, dass der Herr Geheimrat oder Magister oder Hofrat oder welcher Titel dem Sinowatz so von wegen *honoris causa* auch immer verliehen wurde, nicht einfach nur so vor sich hin schwadroniert haben dürfte, sondern jener typisch österreichischen Gepflogenheit huldigte, die euphemistisch gerne als »höfliches Drumherumreden« bezeichnet wird, in Wirklichkeit aber eine latente Neigung zur subversiven Bösartigkeit beinhaltet. Denn was sagte Frederl Sinowatz wirklich? Lesen Sie's noch mal nach und finden Sie die Aussage. Hier die Übersetzung: »Die Deppen, die's no imma net kapiert hom, wern's irgendwann a no vastöhn, wann's net zu bläd san ...« Für unsere hochdeutschen Leser ... ach nee, das wirkt nur gut im Original.

Echte Großmeister in der Kunst der wortreichen Bemäntelung sind im Übrigen auch die britischen Politiker. Hier gilt als unhöflich, wer seine Gegner zu unverblümt angeht. Selbst wenn der jeweilige Premierminister als »Lügner«, »Fälscher« oder »Betrüger« bezeichnet wird, geschieht dies noch mit Stil: »Mister Premierminister, bitte erlauben Sie mir festzustellen, dass ich zu meinem größten Bedauern nicht umhinkann, Sie an dieser Stelle der Lüge bezichtigen zu müssen, was per se impliziert, dass Sie, als Sie die Unwahrheit sagten, ein Lügner waren und möglicherweise nach wie vor sind.« Und was steht am nächsten Tag balkengroß auf den Titeln des britischen Boulevards: »LÜGNER«. Ach ja, die Medien. Sind an allem schuld.

Egal – zurück zum Thema. Im Zuge einer Unterhausdebatte des Jahres 2011 antwortete der britische Vizepremier Nick Clegg einem Redner der Opposition:

PLATZ 11:

»Wenn Sie tatsächlich glauben, es genügt schon, von etwas überzeugt zu sein, um es besser machen zu können, als wir es gerade machen, dann sollten Sie nichts unversucht lassen, es so zu machen, wie es Ihrer Auffassung nach gemacht werden muss, um Ihre Überzeugungen in die Tat umzusetzen.«

Ja, so sind sie, diese feinen Pinkel von der Insel. Aber damit sich der Subtext hinter dieser Aussage besser erschließt, wollen wir auch hier eine kleine Übersetzungshilfe anbieten, die ungefähr folgendermaßen lauten könnte und die Realität möglicherweise ein wenig besser abbildet, als dies Mr. Clegg mit seiner eigentlichen Aussage gelungen ist. Sagen wollte er ungefähr das: »Kann schon sein, dass Sie Dumfbacke glauben, schlauer zu sein, aber zum Glück für dieses Land sind Sie blöder Sack nicht in der Lage, Ihre Hirngespinste in die Tat umzusetzen, weil Gott sei Dank die meisten Wähler schlau genug waren, einen Vollpfosten, wie Sie es sind, nicht zu wählen. Und wir wollen hoffen, dass dies immer so bleibt.«

Zugegeben, das ist ein bisschen länger und klingt beim ersten Durchlesen vielleicht ein bisschen prollig, aber vermutlich wäre der Vizepremier mit dieser Interpretation durchaus einverstanden. Für den feinsinnigen Rest gilt: *lost in translation*.

Weit weniger Federlesens machen da seit jeher schon die australischen Abgeordneten. Einer, der besonders gerne Klartext sprach, war in den siebziger Jahren der Parlamentsabgeordnete Bill Walshere, der zuweilen allerdings auch ein wenig übers Ziel hinausschoss. Oder wissen Sie nach dem Lesen des folgenden Zitats noch zu sagen, für was genau er den Vorstoß seines Vorredners hielt?

PLATZ 10:

»Das ist alles Blödsinn. Und wenn Sie es noch zehnmal wiederholen, bleibt es immer noch Blödsinn. Und es wird Blödsinn bleiben ... weil es eben einfach blöd ist. Es ist nicht witzig, es ist nicht lustig, es macht wirklich niemanden glücklich, wenn Sie es immer wieder wiederholen. Weil Blödsinn nun einmal Blödsinn bleibt, auch wenn Sie diesen speziellen Blödsinn uns hier als großartige Idee anpreisen. Es ist Blödsinn. Völliger Blödsinn.«

Und zwar nichts anderes als Blödsinn. Völliger, totaler, irrer, unsinniger, wahnwitziger und kranker Blödsinn. Blödsinniger, blöder, superblöder Blödsinn. Nichts anderes. Nur Blödsinn. Echt, jetzt. Kein Scheiß. Total blöd. Abgefuckter Blödsinn. Ohne jeden Zweifel. Der blödeste aller vorstellbaren blöden und unsinnigen Blödsinns. Oder Blödsinne. Suchen Sie sich den Plural einfach aus. Einfach blöd. Alles blöd. Total.

Ach, diese Aussies. Wussten Sie eigentlich, dass die bis vor wenigen Jahrzehnten noch einen Passus in ihrem Strafgesetzbuch hatten, wonach der Geschlechtsverkehr mit Kängurus verboten war, sofern man eine bestimmte Promillegrenze nicht erreicht hatte? Trinkfestes Pack, na ja, stammen halt alle von Sträflingen ab.*

Nach so viel irrem Blödsinn wäre es angebracht, wieder den Boden des deutschen Grundgesetzes und damit den Pfad der Vernunft zu beschreiten. In einer Zeit, als Franz Josef »Der kälteste aller Krieger« Strauß und Herbert »Der verbale Erst-

---

*An den Verlag: Dieser Passus müsste nachträglich geschwärzt werden. Ich krieg sonst wieder Hass-Mails aus Sydney.
Anmerkung des Verlages: Ups. Vergessen. Sorry. Gruß von Crocodile Dundee. Er ist schon auf dem Weg.

schlag« Wehner die Debatten des Bundestages prägten, war unter anderem auch eine politisch eher eindimensionale Persönlichkeit an verantwortlicher Stelle tätig: der Bundestagspräsident Eugen Gerstenmaier. Kennen Sie nicht? Nun, das verbindet Sie mit 90 Prozent aller damals politisch interessierten Deutschen, denn dem Vernehmen nach kannte nicht einmal Frau Gerstenmaier ihren Gatten, was man angesichts des folgenden Versuchs, einen Parlamentarier zur Ordnung zu rufen, verstehen kann:

PLATZ 9:

»Ich kann das so nicht hinnehmen, diesen ... diesen Einwurf Ihrerseits. Das ist ... das muss ... äh ... das könnte in meinen Augen einen Ordnungsruf ... äh ... wie bitte ... ja, natürlich, durchaus ... lassen Sie mich zum Ende kommen. Ich sage, dies ist so nicht hinnehmbar, und wenn Sie einverstanden sind, dann würde ich Ihnen ... das heißt, natürlich auch, wenn Sie nicht einverstanden ... äh ... und ich hoffe da auf Ihr Verständnis, dass dieser Ordnungsruf notwendig ist. Das Wort hat nun wieder der Abgeordnete Dichgans ...«

Das klingt ein bisschen so, als hätte Peter Alexander einen Versuch unternommen, als Charleys Tante Telefonsex zu betreiben, und war in etwa auch so aufregend. Was hätte stattdessen Bill Walshere, der eben zitierte australische Abgeordnete, gesagt? Nun, vielleicht: »Blödsinn. Fresse jetzt. Setzen. Und wenn du nicht ruhig bist, sag ich's dem Känguru. Deiner Mutter also.« Ist aber nur so 'ne Vermutung. Vielleicht hätte er nach einem kräftigen »Blödsinn« auch schon wieder aufgehört.

Damit noch einmal zu den Meistern der Verklausulierung – den Briten. Deren Schatzkanzler George Osborne erklärte in einem Radiointerview:

PLATZ 8:

»Tatsächlich ist die Situation besser, als viele denken. Sie ist besser, als wir gedacht haben, dass sie zu diesem Zeitpunkt sein würde, und sie ist weit besser, als wir erwartet haben, dass sie in der nahen Zukunft sein könnte. Kurz gefasst: Die Lage ist weit besser, als wir hofften, bevor wir uns daranmachten, sie zu verändern.«

Was wiederum ein paar interessante Fragen aufwirft. Wann war die Situation besser? Bevor man sich daranmachte, sie zu verändern, oder danach? Und war sie damals gut? Oder schlecht? Danach erst schlecht? Oder davor besser? Oder danach? Oder vielleicht besser als gut? Oder besser als schlecht? Oder weit besser als erwartet? Und wann? In der Vergangenheit? Oder in der Zukunft? Und wieso? Unbestätigten Meldungen aus dem »BBC inside report« zufolge soll der Redakteur der Sendung noch heute damit beschäftigt sein, dem Inhalt der Antwort nachzuspüren. Ein Buch dazu ist in Vorbereitung, bis dahin will er den Nordirlandkonflikt gelöst haben. Sei leichter, hat er gesagt ...

Verharren wir noch eine Weile bei den Briten und wenden uns einem Mann zu, den hierzulande nur die wenigsten kennen, der aber in *merry old England* einen gewissen Ruf als beinharter Rhetoriker genoss – eine Art Nobby Stiles der verbalen Blutgrätsche also. (Fußballnostalgiker werden jetzt genussvoll die Augen rollen, an alle anderen ist diese Blaue

Mauritius einer Metapher ohnehin verschwendet.) Um uns jedoch die Situation, in der David Michael Davis im Moment der folgenden Worte steckte, bildlich vorstellen zu können, denken wir einmal an die Spätausgabe der *Tagesschau*. Da sitzt also Jens Riewa, die Ostvariante eines gegelten Mortadellaaufschnitts, und liest die wichtigsten Meldungen des Tages vom Teleprompter ab. Plötzlich versagt die Maschine und Jens »The charming Königsberger Klöpschen« Riewa beginnt hektisch in seinen zur Sicherheit mitgebrachten Manuskripten zu wühlen, bevor er – mittlerweile hydrantenrot – feststellt, dass der schusselige Redakteur offensichtlich genau jenes jetzt benötigte Papierstückchen zum Einwickeln seiner Stulle zweckentfremdet hat ... Und genau an dieser Stelle wenden wir uns wieder David Michael Davis zu (allein der Name klingt nach der Knickerbocker-Landarzt-Seriosität eines golfspielenden Kap-Hoorn-Einhandseglers), der zum Zeitpunkt seines folgenden Debattenbeitrags offenbar ein paar logistische Probleme hatte:

PLATZ 7:
*»Ich will nicht verhehlen, dass ich Ihrem Vorschlag, so
ehrenwert er in seinen Grundzügen sein kann ... (Pause,
Papierrascheln) aus weit gewichtigeren Gründen als
den bisher von meinen Vorrednern dargelegten ...
ääääh ... Gründen nicht folgen kann, und möchte Sie
ernsthaft ... (Pause) ... sehr ernsthaft ... äääh ... bit-
ten ... (Pause) wirklich dringend ... (Pause) ersuchen,
diese Vorlage noch einmal zu überarbeiten, was Ihnen möglicherweise ... (Pause) ... ich hoffe es zumindest, aber ich
glaube es auch ... wirklich ... äääh ... (Pause) ... wenn*

Sie das gehört haben, was ich an Argumenten in dieser Sa-
che ... (Pause) ... Angelegenheit ... sozusagen ... – übri-
gens auch aus den Reihen Ihrer Partei – ... (Pause) ... das
darf hier ruhig gesagt werden ... (Pause) ääääh ... die ich
Ihnen hiermit ... (Pause) zu Gehör bringen will ... aaah –
hier ist mein Manuskript ...«

Und dann ging's los. David Michael Davis hatte aus den Untie-
fen einer speckigen Aktentasche tatsächlich jenes Redemanu-
skript gefischt, nach dem er zuvor minutenlang gesucht hatte.
Worum es dem Tory-Abgeordneten letztlich ging, kann Ihnen
wurscht sein – es gibt ganz zweifellos wichtigere Themen. Eines hatte Liu Chao-shiuan auf der Agenda. Der ehemalige Premierminister und Exvizepräsident Taiwans demonstrierte mit
den folgenden Worten eine beispielgebende Entschlossenheit:

PLATZ 6:
»Natürlich muss das untersucht werden. Das ist ein klarer
Fall für eine Untersuchung. Ich werde dem Ausschuss, der für
diese Art von Untersuchungen zuständig ist, sehr deutlich
sagen, dass ein Komitee zu bilden ist, das dann zu untersu-
chen hat, welches Gremium diese Art von Vorfall und dieses
ganz spezielle Ereignis zu untersuchen hat.«

Dies wiederum erinnert mich an das Schild an der Tür meines
ehemaligen Chefredakteurs, der unter einem von ihm selbst
gezeichneten Halbprofil, dessen kühne Striche Eingeweihte
zuweilen an das Antlitz unseres Verlegers gemahnten, die folgenden Zeilen in der Schriftart Arial Black notiert hatte: »Und
wenn der Depp nicht weiterweiß, dann gründet er 'nen Ar-

beitskreis.« Und genau so verhält es sich in vielen Demokratien mit den Untersuchungen, für die bekanntlich immer erst Ausschüsse gebildet werden müssen, die in aller Regel so besetzt sind, dass die Rollen, Inhalte und Schuldfragen bereits vor der allerersten Sitzung geklärt sind, sodass man sich das Gelaber auch sparen könnte, was aber nicht in Frage kommt, weil man ja schließlich dem Aufklärungswillen der *vox populi* Genüge tun muss und will. Da lob ich mir doch die Diktaturen: einfache Mehrheit – einfache Lösung. Rübe runter. Fertig. Schuld war dort immer der, der gerade einen Kopf zu wenig hat.

Taiwan jedoch ist weit davon entfernt, ein autokratisch geführtes Staatswesen zu sein. Im Gegenteil: Das Land bildet sich eine Menge darauf ein, dass es im Gegensatz zum »großen Bruder« China eine lebendige Demokratie darstellt, wobei nicht verhehlt werden soll, dass es in den Kammern des taiwanesischen Parlaments im Falle von Meinungsverschiedenheiten schon das eine oder andere Mal zu zünftigen Raufereien gekommen ist – bei YouTube in regelmäßigen Abständen zu bewundern. Kung-Fu im Anzug ist halt auch 'ne coole Kiste. So etwas passiert in Australien natürlich nicht mehr, soll aber in den Anfängen der sich vom Mutterland England lösenden unabhängigen Demokratie durchaus auch schon vorgekommen sein. Heute inszenieren sich australische Politiker – Sie denken noch an Bill Walshere? Der mit dem »Blödsinn«? – gerne als rhetorische Haudraufs und schlaue Klarsprecher. Für den ehemaligen Umweltminister Robert Hill gilt dies allerdings nur bedingt:

PLATZ 5:

»Ich kann Ihnen nicht widersprechen, weil ich die Fakten nicht kenne. Ich kann Ihnen aber auch nicht zustimmen, weil ich die Fakten nicht kenne. Ich glaube aber, dass die Fakten anders sind, als Sie glauben zu wissen, und sobald ich die Fakten kenne, werde ich Ihnen sagen, was tatsächlich der Wahrheit entspricht.«

Und wenn er dann die Fakten kennt, wird er zustimmen oder widersprechen, wobei er aber glaubt, dass eines von beiden schon möglich wäre, ohne die Fakten zu kennen, weil die Fakten, die er nicht kennt, höchstwahrscheinlich den Fakten entsprechen, die er hofft, bald als Fakten präsentiert zu bekommen. So. Das war jetzt ein wenig unmissverständlicher. Oder?

Vor der Versuchung, bestimmte Sachverhalte so auszudrücken, dass Lieschen Müller (oder wäre Helga Mustermann hier zeitgemäßer?) starr vor Bewunderung mal wieder glaubt, es könnten ihr wichtige Inhalte entgangen sein, weil sie nicht die akademische Reife und den titanenhaften Intellekt des Redners besitzt, sind und waren selbst die Muhammad Alis der Unzweideutigkeit nicht gefeit. So rutschte dem streitbaren Herbert Wehner, der politische Gegner auch mal als »Hodentöter« bezeichnete (wir sind dem gleichnamigen Herrn bereits begegnet), im Jahr 1972 zum Thema »Streitkultur im Bundestag« der folgende Bandwurm raus:

PLATZ 4:

»Manche, die Sie damit meinen, sagen zunächst einmal etwas, das in Rede und Widerrede durchaus auch noch auf eine Mitte zugeführt werden kann, von der man nicht sagen könnte, das eine sei unwiderruflich und das andere sei unwiderruflich. Nur eines möchte ich nicht. Am meisten beklage ich, dass manche unter Ihnen in dieser wahrscheinlich noch langen und bitteren Diskussion, wie ich es Ihnen eben gesagt habe, Namen brauchen, damit sich um sie Emotionen entzünden ...«

Nun, so bräsig, wie das rüberkam, dürften sich daran ausnahmsweise mal keinerlei Emotionen entzündet haben. Wie auch, wenn doch die Hälfte der Zuhörer gegen den Sekundenschlaf kämpfte, während die andere Hälfte diesen Kampf bereits verloren hatte.

Während man Onkel Fallbeil diese kleinen Abstecher in die Gefilde des sinnfreien Plapperns ohne Weiteres nachsehen mag – der Mann hatte schließlich über Jahrzehnte hinweg demonstriert, dass er's auch anders konnte –, wird die Sachlage mit dem Erreichen unserer Top 3 schon ein wenig komplizierter. Denn der *Máximo Líder* (nein, das ist kein Tippfehler, in Kuba schreibt man das so) Fidel Castro sprach zwar in der Vergangenheit gerne mal lang – sein Rekord sollen sechseinhalb Stunden für eine Rede gewesen sein – und auch nicht immer einfach, doch der gemeine Kubaner verstand ihn hinter dem ganzen Gesülze zumeist immer ganz genau: »Wir sind arm, aber sexy!« Mit dieser aus Berlin entlehnten Grundaussage hielt Castro die Revolution am Leben und die Menschen bei der Stange – jedenfalls diejenigen, die es nicht übers Meer bis Florida schafften. Die folgenden Sätze jedoch, die Castro 2010 auf einem Parteitag in Havanna gesagt haben soll, dürften selbst für seine treuesten Fans eine schwere Prüfung gewesen sein:

PLATZ 3:

»Die Bemühungen, jene Bemühungen, von denen ich sprechen will, die uns alle betreffen, mit denen wir, glaubt mir, liebe Freunde, von denen wir wissen und die wir schätzen, wirklich schätzen, wissen wir zu schätzen, wirklich sehr, wir lieben die, die sich so bemühen und so anstrengen, um ... Es muss uns auch in der Zukunft stets ein Herz sein ... ein wichtiges Anliegen sein, mit ganzem Herzen für dieses gemeinsame Ziel zu kämpfen.«

Ähm, ja. Viva la revolución. Was auch sonst? Muss uns ein Herz sein. Und ein Anliegen. Oder so. Schätzen wir jetzt mal. Und was uns der größte aller Führer damit sagen wollte, lassen wir uns bei Gelegenheit mal von seinem Bruder Raúl erklären. Der gilt als Technokrat. Der kann das sicher.

Auch in Deutschland gibt es ja Parteitage, allerdings deutlich mehr Parteien als beispielsweise in Kuba. Nun ja – selbst in Togo gibt es mehr Parteien als in Kuba und wahrscheinlich auch im Iran, wobei dort die Parteizugehörigkeit gerne mal per Steinigung geklärt wird. Soll aber jetzt nicht unser Thema sein, sondern vielmehr ein Lob für die Inszenierung bundesdeutscher Parteienzusammenkünfte. Dort reden zwar gerne und oft irgendwelche Programmtheoretiker und dreschen gnadenlos unverständliche Phrasen, gegen die sich die Luft des einstigen DDR-Chemiekombinats Bitterfeld wie ein klarer Frühlingswind ausmacht, doch niemand muss sich das im

Fernsehen anschauen. Dann noch lieber *Alarm für Cobra 11*, was zwar noch weniger Handlung und noch viel weniger Sinn zu bieten hat, aber dafür deutlich mehr Action. Im TV gezeigt werden nur die wenigen Passagen des jeweiligen Spitzenkandidaten, die sein Redenschreiber vorher mit fetten roten und gelben Linien gemarkert hat, was so viel bedeutet wie: »Achtung: Plakative Kernaussage. Kommt geil im Fernsehen. Hau raus, die Kacke.« Danach nickt der/die jeweilige Spitzenkraft bekräftigend/nachdenklich/triumphierend ins Publikum und kriegt jenen tosenden Applaus, den Heidi Klum erst dann bekommt, wenn sie ihren Umzug in ein zentraltibetisches Schweigekloster verkündet. Kann blöderweise aber noch dauern.

Viel weniger Beifall hingegen gibt es für die Hoffnungsträger der großen Politik, wenn sie die Ochsentour durch die Provinzen absolvieren. Sehr beliebt sind dabei sogenannte Redaktionsbesuche bei diversen Zeitungen, denn dort kann man mit vergleichsweise bescheidenen Mitteln einen maximalen Wirkungsgrad erzielen. Man wird interviewt, man sagt das, was man immer sagt. Und das, was das Fernsehen sonst immer herausschneidet, wird via Zeitung immerhin noch ein paar tausend Lesern aufs Auge gedrückt. Und da darf man dann schon mal so formulieren, wie es Christian Schwarz-Schilling tat:

PLATZ 2:

»Sollte dies möglicherweise, und auf den Konjunktiv darf ich mir erlauben Wert zu legen, in der Vergangenheit anders interpretiert worden sein, so könnte dies unter Umständen auf einer Sichtweise beruhen, die unter diesen Umständen von

*einer anderen Sachlage auszugehen gezwungen gewesen
wäre.«*

Christian Schwarz-Schilling? Kennen Sie noch? Nein? Der
Mann war mal Postminister (sic!), ähnelte einem Wiedergän-
ger von Heino und besaß die Ausstrahlung eines Totenkopf-
käfers unter dem Einfluss von Barbituraten. Möglicherweise,
wobei dies natürlich Spekulation bleiben muss, stand er wirklich permanent unter dem Einfluss sedierender Medikamente,
denn wie anders wäre ein Satz wie der soeben gelesene erklär-
bar? Und was wollte uns CSS, die Antwort der Bundespost auf
Momos graue Männer, mit seinen Worten sagen? Oder wollte
er vielleicht gar nichts sagen, sondern dienten seine Worte
nur der Verschleierung der Tatsache, dass just in diesem Moment nur noch seine leibliche Hülle am Redaktionstisch saß,
während sein inneres Selbst gerade dabei war, Meister Hora
mitsamt Schildkröte Kassiopeia per Eilzustellung in die ewi-
gen Jagdgründe zu expedieren? Wir wissen es nicht, und wir
werden es wohl auch nie erfahren. Vielleicht können sich Historiker kommender Generationen noch mit diesem Thema beschäftigen – für uns ist die Erinnerung zu schmerzlich.

Und damit kommen wir nun zu Platz 1 der unverständlichs-
ten Politikerformulierungen. Bevor der Spitzenreiter jedoch
vorgestellt wird, sollten Ihnen, werte Leser, die Bewertungs-
kriterien noch einmal vor Augen geführt werden. Es galt, eine
Politikeraussage zu finden, die nicht nur aufgrund ihrer Formulierung unverständlich war, sondern möglichst auch aufgrund der Wortwahl. Im Klartext: Die Verwendung möglichst
komplizierter Begrifflichkeiten, wenn es stattdessen auch
ganz simple Ausdrücke gegeben hätte, gab sozusagen einen
Bonus, und diesbezüglich schoss einer den Vogel ab: Otto Graf

Lambsdorff. Der Mann war in seinen besten Zeiten wie seine Partei: anpassungsfähig bis zur Selbstaufgabe, intriganter als eine Facebook-erprobte 16-Jährige, machtgeiler als die Vorstandsmitglieder deutscher Großbanken und rücksichtsloser als Boris Beckers erster Aufschlag. Lambsdorff und die FDP – was für eine Symbiose! Immerhin bescherten ihm diese Tugenden über Jahre hinweg ministerielle Ehren und ließen ihn zu Beginn der achtziger Jahre gegenüber dem Deutschlandradio Sätze wie den folgenden formulieren:

PLATZ 1:
»Entscheidend ist natürlich auch die Binnennachfrage, und die Sublimierung dieser Relevanz darf gegenüber den exportorientierten Branchen nicht exzessiv und auf Dauer als Negierung konjunktureller Sekundärinteressen toleriert werden.«

Und bevor Sie nun völlig an der Welt verzweifeln, genießen Sie in aller Stille und ganz außer der Reihe die Worte des ehemaligen französischen EWG-Kommissars Robert Lemaignen. Bitte sehr.

»Ich sage Ja, Ja und Ja zu diesem entschiedenen Nein.«

Licht aus, Ton ab, Klappe zu. Danke.

Kapitel 5

»ICH HOFFE, ES GEHT DEM DEUTSCHEN VOLK NIE SO SCHLECHT, DASS ES GLAUBT, MICH ZUM BUNDESKANZLER WÄHLEN ZU MÜSSEN«

DIE GEWAGTESTEN PROGNOSEN

*P*rognosen sind schwierig, vor allem wenn sie die Zukunft betreffen.« Uff. Geschafft. Diesen steinalten Kalauer hätten wir abgearbeitet. Dass an diesem Spruch viel Wahres ist, muss wohl nicht mehr erläutert werden – hingegen lohnt sich durchaus ein Blick auf die Frage, was Prognosen und Vorhersagen in der Politik eigentlich bedeuten. Beginnen wir mit jenem Blick in die Zukunft, der bei Politschaffenden aller Länder ganz offensichtlich der beliebteste ist.

Das Versprechen
»Read my lips: no new taxes.«

So versprach es George Bush – diesmal ohne W, denn wir sprechen jetzt vom Vater der Fehlbesetzung – im Jahr 1988 bei seiner Nominierung zum republikanischen Kandidaten für das Amt des Präsidenten. Nun haben die Bushs seit jeher nicht unbedingt wulstige Lippen, und möglicherweise waren diese im Jahr 1988 auch einfach nicht so gut zu lesen. Tatsache jedoch ist, dass Bush senior nur wenige Wochen nach seiner Wahl die Steuern kräftig anhob. Zugegeben, er tat dies nicht freiwillig, sondern wurde vom Kongress dazu gezwungen, weil das Haushaltsloch schon damals so groß war, dass man die *Titanic* locker hätte hindurchsteuern können, wenn Sie diesen etwas makaberen Vergleich gestatten. Ohne jetzt näher darauf eingehen zu wollen, dass Geschichte sich auch und vor allem in den Vereinigten Staaten anscheinend dauernd wiederholt, war es im Falle von Bush d. Ä. tatsächlich wohl genau dieses

Versprechen, das ihm den Wahlsieg bescherte. Sein Gegner aufseiten der Demokraten, ein zu Recht in völlige Vergessenheit geratener Ken-Verschnitt (der von Barbie, Sie wissen schon) namens Michael Dukakis, hatte nämlich den unverzeihlichen Fehler begangen, während des Wahlkampfs die Wahrheit zumindest nicht komplett leugnen zu wollen. Auf die Frage, ob er sich Steuererhöhungen für bestimmte Einkommensgruppen vorstellen könnte, antwortete er, man könne das wohl nicht gänzlich ausschließen. Das war's. Schluss. Aus die Maus. Spätestens nachdem Bush beim Parteitag der Republikaner jenen berühmten *»Read my lips«*-Spruch abgesondert hatte, war die Sache gelaufen.

Daraus folgern wir messerscharf: Versprechungen sind keine echten Vorhersagen, sondern dienen ausschließlich dazu, das Stimmvieh auf die eigene Seite zu ziehen. Der Versprechende muss nicht unbedingt überzeugt davon sein, sein Versprechen halten zu können oder gar zu müssen – im politischen Alltag wäre dies sogar eher hinderlich –, sondern lediglich die Überzeugung ausstrahlen können, sich daran halten zu *wollen*. Aber Achtung: Kandidaten, die den Weltfrieden versprechen, erste Kontakte mit Außerirdischen sowie Face-to-Face-Gespräche mit Gott ankündigen oder gar behaupten, sie wollten sich für die garantierte Pünktlichkeit der Bundesbahn starkmachen, werden in aller Regel nicht gewählt. In diesen Fällen weiß nämlich selbst Ronny aus Finsterwalde, der vom Wort »Wahllokal« nur den zweiten Teil verstanden hat und sein Kreuzchen nur deshalb setzt, weil der örtliche NPD-Vorstand Freibier ausgelobt hat, dass derartige Ankündigungen total an der Realität vorbeigehen, unerfüllbar und unvorstellbar sind. Ergo: Ronny wählt jemand anderen. Bevorzugt eben die Partei mit dem Freibier. Ist so 'ne ideologische Kiste – man muss das nicht verstehen.

Die programmatische Ankündigung

Bei der programmatischen Ankündigung handelt es sich um deutlich mehr als ein Versprechen, aber auch um deutlich weniger als eine echte Vorhersage. Hätte Guido Westerwelle beispielsweise gesagt: »Wählt uns, und die Steuern werden gesenkt«, dann wäre das ein Beispiel für ein vollständig unglaubwürdiges Versprechen gewesen, und die Liberalen wären nicht gewählt worden. Stattdessen sagte er, die FDP werde sich in der Koalition dafür einsetzen, dass die Steuern gesenkt würden. Das klang gut, klang nach politischem Programm und damit irgendwie auch wählbar. Auch wenn alle wussten, dass Steuersenkungen ohnehin nicht drin sind. Egal. Man kann ja mal drauf hoffen, dass die FDP ernst genommen wird und sich durchsetzt. Prust. Der war gut.

Von einem alten FDP-Recken stammt ein wunderbares Beispiel für eine programmatische Ankündigung. So erklärte Otto Graf Lambsdorff im Wahljahr 1983:

»Es ist die Pflicht und die Aufgabe der Liberalen, sich für eine freie Wirtschaft und eine durch und durch pluralistische Gesellschaft einzusetzen. Diese Grundsätze halten wir hoch, diese Grundsätze machen uns unverzichtbar, auf diesen Grundsätzen basiert unser Programm, und diesen Grundsätzen werden wir uns auch in der neuen Bundesregierung ganz und gar verschreiben.«

Klingt supi, oder? Und weil das Wort »Programm« sogar explizit vorkam, wissen wir, dass es sich bei diesem pathetischen Geschwurbel tatsächlich um eine programmatische Ankündigung gehandelt haben muss. Welchen Inhalt uns der adelige

Haarkranzträger eigentlich vermitteln wollte, spielt da schon gar keine Rolle mehr – Hauptsache, es klingt irgendwie wichtig. Und seriös.

Normalerweise bleiben programmatische Ankündigungen ohnehin mehr im Nebel des Ungefähren. Die SPD verspricht beispielsweise gerne soziale Gerechtigkeit, was ebenfalls total knorke klingt, letztlich aber auch nicht mehr ist als optimistisches Gesäusel, das sich mittlerweile verschämt in Osteroder Hinterzimmern vor der Agenda 2010 versteckt. Das traditionelle Themenfeld der C-Parteien ist die Wirtschaft, die angeblich immer weiter wachsen *muss* und mit CDU und CSU auch *wird*, was den Gesetzmäßigkeiten der Mathematik (Exponentialkurve!) zwar seit jeher widerspricht, aber weil das Wort »Wachstum« immer schon einen Hauch von klerikaler Bedeutungsschwere hatte, bleibt die Union dabei. Warum auch etwas ändern, was sich bewährt hat, nur wegen kleinlicher Bedenken? Pfffff. Die Grünen positionieren sich traditionell natürlich in Sachen Umwelt. Und Nachhaltigkeit. Und saubere Energie. Und so 'n Zeugs. Neuerdings versuchen sich übrigens auch die Piraten an programmatischen Ankündigungen, bleiben allerdings noch ein wenig vager als alle anderen, weil die Basis noch nicht entschieden hat, was ein politisches Programm ist, ob man es haben will, wer das braucht und überhaupt. Auch eine Einstellung. Irgendwie erfrischend. Oder so. Übrigens: Liebe Piraten, wenn ihr dieses Buch lesen wollt (was ich bezweifle, aber möglich wär's ja doch ...), dann müsst ihr es *kaufen*. Jawohl. Kaufen! Das ist die Sache mit dem Geld. Man gibt jemandem Geld, und dann bekommt man dafür etwas. Nein, Geld kann man nicht »free downloaden«. Ausdrucken zwar theoretisch irgendwie schon, aber das ist ein bisschen riskant. Illegale Software. Nicht zu empfehlen. Ups. Entschuldigen Sie die Abschweifung.

Die Vorhersage

»Die Mauer wird in 50 und auch in 100 Jahren noch bestehen bleiben, wenn die dazu vorhandenen Gründe noch nicht beseitigt sind.«

Darauf wies ein seltsam näselnder Herr namens Erich Honecker (die Älteren erinnern sich) im Januar 1989 hin – eine klassische Vorhersage. Wenn wir allerdings nachrechnen, dann stellen wir vergleichsweise hurtig fest, dass seit dem Jahresbeginn 1989 bislang weder 50 noch gar 100 Jahre vergangen sind, sondern gerade mal ein bisschen mehr als 20. Lassen Sie uns resümieren (ich liebe derartige Phrasen): Die Vorhersage ging total in die Hose. War für 'n Arsch. Ein Nullinger. Lull und Lall. Blödsinn. Griff ins Klo. Ein klassisches Beispiel für einen echten Rohrkrepierer.

Im Falle von Erich Honecker hatte diese Fehleinschätzung durchaus dramatische Folgen. Zumindest aus seiner Sicht. Der Mann hatte ganz plötzlich keine Kumpels mehr, sondern nur noch Seilschaften, die nicht mehr gut gelitten waren. Außerdem musste er viel Zeit mit seiner Frau verbringen, was für sich betrachtet schon Strafe genug war. (Das ist *nicht* frauenfeindlich. Das betrifft *nur* Margot.) Und dann musste er auch noch einen letzten langen Urlaub in Chile antreten, was uns in etwa so erstrebenswert scheint wie eine Sommerfrische in Nowosibirsk (aber die Geschmäcker sind verschieden). Dies alles auf die fehlerhafte Einschätzung der näheren Zukunft zurückzuführen, ist natürlich ungerecht und auch ein wenig gemein, denn letztlich hätte auch eine späte Einsicht in den tatsächlichen Verlauf der Geschichte nichts an deren Auswirkungen geändert. Fakt ist aber auch, dass Politiker gerne an ihren Vorhersagen gemessen werden – und damit sind wir schon wieder bei der Frage nach Gerechtigkeit angelangt. Denn während Erich H. dazu verdonnert wurde, im chilenischen Siedlungshäuschen Buße zu tun, blieb Helmut K. noch jahrelang im Kanzleramt, und dies, obwohl er behauptet hatte:

»Die Einheit wird aus der Portokasse gezahlt. Die Steuern werden nicht erhöht.«

Nein, das war kein Versprechen, und das war keine programmatische Ankündigung. Das war eine Vorhersage, und sie war so falsch wie ein 30-Euro-Schein. Und? Welche Auswirkungen hatte Birne zu erdulden? Musste er ins Exil? Wurde er wenigstens abgewählt? Natürlich nicht, im Gegenteil: Der »Kanzler der Einheit« blieb uns noch gefühlte weitere 100 Jahre erhalten, und schon kurz nach 1990 wollte sich kein Schwein mehr an die kühne Portokassenprognose erinnern.

Und nach diesen theoretischen Abhandlungen zum Thema »Prognose und Co.« lassen wir zunächst einen zu Wort kommen, dessen Stellenwert in Deutschland zwischenzeitlich sogar die päpstliche Aura eines Franz Beckenbauers toppte: Richard von Weizsäcker. Der Exbundespräsident war nicht nur klug, sondern sagte auch kluge Sachen, was nicht allen klugen Menschen immer gelingt. Unterstellen wir doch einfach mal, Peer »Wer?« Steinbrück wäre klug ... Merken Sie was? Na gut, genug der Vorrede:

»Eine zweite Arche Noah wird es nicht geben, die uns in eine bessere Zukunft hinüberrettet.«

Und damit hatte der Mann schon 1992 so was von recht. Total. Es sei denn, irgendjemand kommt doch noch auf die Idee, einen Riesenkahn zu zimmern und damit der Erderwärmung zu trotzen. Wie in *Waterworld*, diesem feuchten Schinken mit Kevin Costner. Nie gesehen? Da haben Sie aber gut daran getan. Und weil wir gerade bei klugen Männern und schlauen Dingen sind, lassen wir auch den ehemaligen Liebling der deutschen Linken zu Wort kommen, Friedensnobelpreisträger und Exbundeskanzler Willy Brandt:

»Der beste Weg, die Zukunft vorauszusagen, ist, sie zu gestalten.«

Cool, oder? Schlauer Spruch. Und für einen Politiker natürlich auch geschickt, denn Zukunft gestalten – das will ja irgendwie jeder. Und wenn es dann einer auch wirklich macht, oder zumindest sagt, dass er es machen wollen tut, dann denkt sich der gewöhnliche Wähler (den ich, liebe Frauen, übrigens niemals als »Lieschen Müller« bezeichnen würde, weil das total chauvi ist): »Wow. Geiler Typ. Der is'n Gestalter und so. Der macht das schon.« Und dann wählt er ihn. Den Willy. Weil der doch unsere Zukunft gestaltet. Wobei die Frage nach dem »besten Weg« naturgemäß offenbleiben muss, denn all diese Gestalter haben vollständig unterschiedliche Vorstellungen. Und trotzdem findet ständig Zukunft statt. Da. Schon wieder. Und gleich noch mal. Vielleicht war der Spruch doch gar nicht so schlau.

Ein klassisches Beispiel für eine Prognose, die ihrer Belegbarkeit noch harrt, ist die folgende Behauptung des berühmten Sir Winston Churchill:

»Die Reiche der Zukunft sind Reiche des Geistes.«

Nun. Ähem. Also bisher ja noch eher nicht. Die Reiche. Mit Geist und so. Bestenfalls mit Kirschgeist. Wenn der Vorrat beim letzten Niederkrüchtener Feuerwehrfest nicht wieder alle gemacht wurde. Wenn wir jetzt mal – und niemand möge uns deswegen eines Rückfalls in dunkle Zeiten zeihen – die Bundesrepublik als »Reich« betrachten (Churchill konnte damals noch nicht ahnen, dass dieses Wort bei uns Deutschen so dauerhaftes Bauchgrummeln hervorrufen würde), dann kommen wir nicht umhin festzustellen, dass wir doch eher ein Reich von Schwätzern, Scharlatanen und Schizoiden geworden sind. Betrachten wir doch mal die maßgeblichen Personen: Angie Merkel, Dieter Bohlen, Günther Jauch. Zugegeben, beim Letztgenannten könnte man Geist erahnen, aber sonst? Bastian Schweinsteiger haben wir noch vergessen. Und Markus Lanz. Den vor allem. Geist? Wohl eher nicht. Es sei denn, man behauptet, dass Jürgen Habermas hierzulande die Menschen inspiriert. *Philosophy for the masses*, oder so. Nein, wohl eher lässt sich die Skepsis eines anderen Altkanzlers nachvollziehen:

»Sich vorzustellen, dass Deutschland in der Weltpolitik eine Rolle zu spielen habe, finde ich ziemlich abwegig.«

Tja, so ging's nicht nur Helmut Schmidt. Auch den Franzosen. Den Russen. Den Briten. Konnten und wollten die sich alle nicht vorstellen. Hatten aus ihrer Sicht auch total recht, denn wer binnen eines einzigen Jahrhunderts gleich zweimal so total ins Klo greift, wenn's um weltpolitische Belange geht, sollte vielleicht mal ein Weilchen die Füße stillhalten. Paar Jahrzehnte wenigstens. Zumindest in der Theorie. Aber, Pustekuchen, Deutschland mischt schon wieder kräftig mit. Wirtschaftlich und militärisch noch dazu. Kann man gut finden, muss man aber nicht. Fest steht jedenfalls, dass Helmut S., der renitenteste Nikotinator der Republik, mit dem Wörtchen »abwegig« einem ganz schönen Irrtum erlag.

Das jedoch ist auch anderen Größen schon passiert. Verlassen wir mal kurz die Riege der Politiker und befassen uns mit der hoffnungsvollen Aussage eines überaus prominenten Laien. Der amerikanische Software-Tycoon Bill Gates orakelte bereits im Jahr 1993:

»Ich beneide die Kinder von morgen. Ich selbst war ein privilegierter Junge, ich konnte auf gute Schulen und Universitäten gehen; aber Kinder, die in 20 Jahren aufwachsen, werden weit bessere Bildungschancen haben, als ich sie je hatte.«

Und? Hatte er recht? Gibt es einen Grund, vietnamesische, sudanesische oder auch weißrussische Kinder für ihre Bildungschancen zu beneiden? Wohl eher nicht. Sind amerikanische College Kids noch immer der Meinung, Paris sei die Hauptstadt von Bayern und Adolf Hitler der Bundeskanzler? Wohl eher schon. Nein, nein, Billy, du hast keinen Grund, auf die Kinder der heutigen Welt neidisch zu sein. Echte Bildung ist an vielen Orten nach wie vor eine Frage des Geldbeutels. Aber Mr. Gates muss sich nicht grämen. Es gibt auch Schöngeister wie Heinrich Heine, die schon im 19. Jahrhundert total danebenlagen:

»Ja, ich sage es bestimmt, unsere Nachkommen werden schöner und glücklicher sein als wir. Denn ich glaube an den Fortschritt, ich glaube, die Menschheit ist zur Glückseligkeit bestimmt, und ich hege also eine größere Meinung von der Gottheit als jene frommen Leute, die da wähnen, er habe den Menschen nur zum Leiden erschaffen.«

Ja, gut, Heine war ein Dichter, und ein verdammt guter noch dazu. Vielleicht brauchen die diesen Hang zum Schwärmerischen. Betrachtet man seine Sätze jedoch als Prognose, dann bleibt nur ein Urteil: Durchgefallen.

Zurück zur aktuellen politischen Landschaft der Republik und den Sozis. Bei denen gab und gibt es – der eine oder andere Politikwissenschaftler mag sich daran erinnern – eine fatale Neigung zu Dreigestirnen: in den Siebzigern Brandt, Schmidt und Wehner, später Lafontaine, Scharping und Schröder. Und unlängst Steinmeier, Gabriel und Steinbrück hinzu – also sozusagen ein Triumvirat aus einem Gelatine-Golem, einem poppigen Moppelchen und einem rhetorischen Minenfeld. Wie's der Letztgenannte dann zum Kanzlerkandidaten brachte, ist nicht mehr ganz genau ermittelbar, vielleicht fühlte sich die SPD einfach noch nicht bereit für die Abmerkelung. Könnte sein. Wäre eine Erklärung. Egal, Fakt ist, dass es fast immer Zoff gab, wenn sich bei den Genossen drei um die Poleposition balgten. Dessen ungeachtet behauptete Franz Müntefering im seligen Jahre 2004 – kaum dass Gerhard »Ich färbe meine Haare nicht« Schröder den Bettel (euphemistisch für Parteivorsitz) hingeworfen hatte – wider besseren Wissens:

»Das ist das schönste Amt neben dem des Papstes.«

Aha. Die Vorstellung des gemeinen Sozialdemokraten ist wohl eher die, dass das Amt des Vorsitzenden in dieser Partei ungefähr so erstrebenswert ist wie ein Posten als Menschenrechtsbeauftragter im Uganda des Idi Amin, doch natürlich kann man das auch anders sehen. Zur Erinnerung noch kurz eine kleine Auflistung. Parteivorsitzende der SPD seit 1990 waren Hans-Jochen Vogel (1990), Björn Engholm (1991), Johannes Rau (1993), Rudolf Scharping (ebenfalls 1993), Oskar Lafontaine (1995), Gerhard Schröder (1999), Franz Müntefering (2004), Matthias Platzeck (2005), Kurt Beck (2006), Frank-Walter Steinmeier (2008), Franz Müntefering (ebenfalls 2008) und Sigmar Gabriel (seit 2009). Einen vergessen? Nein? Prima. Zum Vergleich die CDU: Helmut Kohl (1973 bis 1998), Wolfgang Schäuble (1998 bis 2000). Seitdem: Mutter Angela. Kein Ende in Sicht. Länger im Amt sind bestenfalls Dorfälteste der Inneren Mongolei oder CSU-Vorsitzende. Gefühlte 200 Jahre beispielsweise lenkte FJS die Christsozialen aus der Tiefe des Alpenraumes in die Abgründe der deutschen Politik, bekannte sich jedoch 1969 während eines Interviews zu einer gewissen Demutshaltung, die man durchaus als Vorhersage verstehen durfte:

»Ich hoffe, es geht dem deutschen Volk nie so schlecht, dass es glaubt, mich zum Bundeskanzler wählen zu müssen.«

Nun, da bleibt natürlich die Frage im Raum stehen, welche Erkenntnisse Franz Josef Strauß im Jahr 1980 über den Zustand der Deutschen gehabt haben muss, als er sich zum Kanzlerkandidaten küren ließ. Versuchen wir uns zurückzuerinnern: Damals gab es noch zwei Deutschlands, die Russen waren böse, die Amerikaner lieb, und das Fernsehen hatte gerade den Pumuckl entdeckt. Alles war gut. Wie hatte Strauß sich nur so täuschen können? Vielleicht war an einem seiner Statements aus dem Jahr 1955 doch mehr dran, als er selbst geglaubt hätte ...

»Von Bayern gehen die schlimmsten politischen Dummheiten aus; wenn aber wir in Bayern sie schon längst abgelegt haben,

dann werden sie anderswo als der Weisheit letzter Schluss über-
nommen.«

Ist es respektlos, FJS selbst als die »schlimmste politische
Du...«? Ja. Das macht man nicht. Pfui. Und um diesen Faux-
pas wiedergutzumachen, findet sich der Vater der Bayern auch
in unserer Top-12-Liste an prominenter Stelle wieder. Nur ge-
mach ...

PLATZ 12:
*»Wenn es nach den Grünen gegangen wäre, bestünde das
Handy immer noch aus zwei mit einer Kordel verbundenen
Joghurtbechern.«*

Dies behauptete niemand Geringeres (das ist jetzt irgendwie
blöd ausgedrückt) als Guido Westerwelle, den die FDP im Jahr
2009 hurtig zum Kanzlerkandidaten ausgerufen hatte, was in
etwa so viel Sinn machte wie die Nominierung Mike Tysons
für den Friedensnobelpreis. Und hatte das Spaßmobil der
Liberalen wenigstens recht? Nein, nein und nochmals Nein.
Denn wäre es nach den frühen Grünen gegangen, dann gäbe
es schon lange keine Joghurtbecher mehr. Weil Plastik. Plastik
böse. Demnach bestünde also das Handy bestenfalls aus zwei
mit einem Hanfstrick verbundenen geflochtenen Jutehütchen.
Wär das nicht toll? Statt ständig und überall diese unerträg-
liche Belästigung mittels grenzdebiler Klingeltöne ertragen
zu müssen, wäre das Mobilphon mit geringem Aufwand ent-
sorgbar. Zack, zack, und schon kann man Kleinsteinkäufe ver-
stauen. Kann man Jute eigentlich rauchen? Nein? Aber wenigstens die Hanfkordel, oder? Peace man!

Eine aus heutiger Sicht geradezu klassische Fehleinschätzung lieferte im Jahr 1990 auch die Birne, die doch eigentlich ein Gemüse war: Helmut Kohl. Nein, hier soll jetzt nicht die Rede seiner persönlichen Beurteilung der eigenen geistigen Leistungsfähigkeit sein und auch nicht darüber sinniert werden, dass er jahrzehntelang davon überzeugt war, sprechen zu können. Es geht vielmehr um der Deutschen liebstes Thema: die Wiedervereinigung, damals noch – und das lag auch irgendwie nahe – als »Währungsunion« bezeichnet.

PLATZ 11:
»Es wird niemandem schlechter gehen als zuvor, dafür vielen besser.«

So versprach er es den Wessis, so versprach er es den Ossis. Und wenig später erkannten selbst der plötzlich arbeitslose Mike und die alleinerziehende und damit blitzschnell völlig chancenlos gewordene Sindi (so schrieb man das damals noch in Cottbus), dass jener Mann, den sie gerne den Strickjackenmessias nannten, doch nicht alles wusste. Genauer gesagt: Er hatte keine Ahnung. Keinen Plan. Und die Schulterpolster-Prolls in den tiefergelegten Kadetts aus Wattenscheid und Wunsiedel mussten plötzlich einen »Soli« zahlen, der durchaus dazu angetan gewesen wäre, den monatlichen Jägermeisterkonsum um ein gutes Promille zu senken, wenn sie stattdessen nicht auf die Zahnbürsten für die Kinder verzichtet hätten. Einigen also ging es durchaus schlechter – das Versprechen des Gedünsteten erwies sich als unangenehm müffelnde Luftblase.

Ein weiteres Paradebeispiel für eine als zumindest gewagt

zu bezeichnende Prognose lieferte der Berti Vogts der bundesdeutschen Nachkriegspolitik Nobby Blüm mit seiner legendären Behauptung:

PLATZ 10:

»Denn eins ist sicher: die Rente.«

Nun, wenn wir mittlerweile eines ganz sicher ahnen, ist es die Tatsache, dass es eine Unmenge von Dingen gibt, die deutlich mehr Gewährleistungsgarantien bieten als das deutsche Rentensystem. Die Langlebigkeit eines italienischen Automobils, eine dopingfreie Tour de France, die Wiedervereinigung der Beatles in Originalbesetzung – all das sind im Vergleich zur angeblich unverrückbaren Stabilität der Rente recht solide Annahmen.

Um beim Wörtchen »solide« zu bleiben: Auch die katholische Kirche darf man durchaus als eine Institution mit einem stabilen Fundament bezeichnen. Nicht überliefert ist, wie ihre Vertreter auf die folgende Aussage des ehemaligen grünen Vorturners Joschka Fischer reagierten:

PLATZ 9:

»Als Katholik kann ich sogar Papst werden.«

Dies erklärte der im württembergischen Städtchen Gerabronn (Herrje, a Schwob! Da isch's jo klaar) geborene Metzgersohn auf die Frage, ob er als Grüner denn tatsächlich Außenminister werden könne. So ganz unrecht hatte er damit nicht. Zumindest theoretisch. Böse Zungen behaupten ja, dass Joschka seine Frauen immer gleich und sofort und *stante pede* heiratet, sei der beste Beweis für seine katholische Tiefenverstrahlung. Heilige Ehe und so. Jedenfalls, unterziehen wir seine Behauptung jedoch einer eingehenden Analyse, so kommen wir zum Ergebnis, dass vor dem Ex-Außen auf der geheimen Liste möglicher Papstanwärter, die von der Kurie als aussichtsreicher als Joschka Fischer eingeschätzt wurden, die folgenden Kandidaten zu finden sind: 1.) Dagobert Duck, 2.) Heidi Klum, 3.) jede andere Frau, 4.) das Urmel, 5.) Julian Nida-Rümelin, 6.) Roberto Blanco. Insofern muss man konstatieren, dass der Öko-Machiavellist an Schröders Seite mit seinem Satz wohl ebenfalls ziemlich weit danebengelegen haben dürfte. Reicht hier für Platz 9.

Zu einer kühnen Prognose ließ sich im Jahr 1970 auch der im Zuge der vergangenen Seiten schon mehrmals erwähnte Ananaszüchter aus Bayern hinreißen:

PLATZ 8:

»Wenn die Verflachung der Politik beginnt, kommt aus den bayerischen Bergen die Rettung.«

So die Worte des großen Vorsitzenden Franz Josef Strauß. Und während man sich trefflich darüber streiten kann, ob aus den bayerischen Bergen schon mehr Nutzbringendes kam als Rosi Mittermaier und der Gamsbart, sollte man sich vordringlich auch mit der Frage befassen, wie man sich »verflachte« Politik wohl vorzustellen habe. Ist damit gemeint, dass Politik immer häufiger von begrenzt intelligenten Menschen gemacht wird, deren begrenzter Horizont nur bis zu den nächsten Wahlen reicht? Sollte dies gemeint sein, könnten die bayerischen

Berge tatsächlich die Rettung darstellen, denn auf ihren Gipfeln (das folgende Zitat ist sehr frei) soll die Freiheit ja bekanntlich grenzenlos sein, und man hat unter anderem auch die Möglichkeit, mittels eines kräftigen Schubsers die eine oder andere Flachbirne ins Nachbarland zu entsorgen. Ohnehin liegt der Verdacht nahe, dass dies in der Vergangenheit schon einige Male versucht wurde, aber leider rollte Helmut Kohl immer nur bis zum Wolfgangsee, wurde von den arglosen Einheimischen dort wieder aufgerichtet und kam zurück. Mag also auch der gedankliche Ansatz im Prinzip richtig gewesen sein, so lässt sich doch selbst mit viel gutem Willen nicht behaupten, dass die bayerischen Berge für die Rettung der politischen Kultur Entscheidendes beigetragen hätten.

Achtung, es folgt eine Granatenüberleitung: Neuschwanstein ist Bayerns berühmtestes Schloss und hat unzählige Bewunderer in ... na? ... richtig: in Japan. Von dort stammt die folgende, vergleichsweise strahlend neue Vorhersage:

PLATZ 7:
»Fukushima ist eine Randnotiz der japanischen Geschichte. Mehr nicht. Dieses Ereignis wird bald vergessen sein, zumal die Folgen längst nicht so dramatisch sind, wie uns hysterische Europäer erzählen wollen.«

Diese durchaus bemerkenswerten Sätze stammen von Ichirō Matsui, Gouverneur der japanischen Präfektur Osaka, zwei Wochen nach der Atomkatastrophe von Fukushima. Also, wenn das mal keine Ansage ist. Reschpekt, Matsui-san. Das klingt nach, das rüttelt auf, da geht die Luzi ab. Aber hat der Mann denn unrecht? Na ja, die Gegend ist ein bisschen verstrahlt und ein paar Hundert werden krepieren. *So what?* Nach ein paar tausend Jahren spricht kein Mensch mehr davon. Und am Ende des Jahres 2012 erklärte die japanische Regierung, man plane zur sicheren und sauberen Energiegewinnung, schon bald mit dem Bau neuer Atomkraftwerke zu beginnen. Genau wie der Gouverneur es vorausgesagt hat: eine Randnotiz. Einen Platz auf unserer Liste bekommt der starke Tobak also nicht deshalb, weil die Aussage geschmacklos, makaber, dämlich, hirnverbrannt, respektlos, bösartig, zynisch und ekelerregend war, sondern weil sie – siehe Kapitelüberschrift – so »gewagt« war. Oder anders ausgedrückt: Man muss schon ganz schön große Eier und das Gehirn eines Regenwurms haben, um solchen Schwachsinn absondern zu können. Irgendwie tröstlich, dass das auch in Japan passiert. Stammen die Toyotas wirklich von dort?

Die folgende Ankündigung ist eigentlich keine, sondern sollte ein Scherz sein:

PLATZ 6:
»Ich habe gerade das Gesetz zur Auslöschung der Sowjetunion unterschrieben. Die Bombardierung wird in fünf Minuten beginnen.«

Der amerikanische Präsident Ronald Reagan erwies sich im Rahmen eines Mikrofontests vor einem Interview im Jahr 1984 als echte Ulknudel. Ein Brüller, oder? Ein Schenkelklopfer. Ein Wahnsinnsheuler. Bombenstimmung unter den Anwesenden. Angeblich kringelten sich die Umstehenden vor Lachen, und die Personenschützer des Präsidenten sollen vor lauter »Ich krieg mich nicht mehr ein« versehentlich ein paar

Mitarbeiter des Senders abgeknallt haben. Mann, das war aber auch 'ne Marke, der olle Ronny. Schweinelustig. Da soll noch jemand sagen, die frühe Karriere als Laiendarsteller wäre zu nix nütze gewesen. Quatsch. Nur da kann man diesen wunderbaren Humor entwickeln.

Das nun folgende Zitat ist grandios. Man darf es wohl als die möglicherweise vollständigste Fehleinschätzung in der bundesdeutschen Politik bezeichnen – *we proudly present (once more)*: Franz Josef Strauß. Das Folgende äußerte er am 24. November des Jahres 1976 vor Mitgliedern der Jungen Union auf eine Frage nach seinem liebsten Fußabtreter aus Oggersheim, Helmut Kohl:

PLATZ 5:
»(Er) wird nie Kanzler werden.«

Ja, und irgendwie ist es dann ja auch so gekommen. Kohl *wurde* nie Kanzler – er *war* es einfach. Schon immer. Für immer. Plötzlich war er da, und keiner wollte es gewesen sein. Und er wollte nicht mehr weg, und wieder war keiner schuld. Vielleicht hatte FJS ja eine Art Vorahnung, dass es so und nicht anders kommen würde. Vielleicht lag er aber auch einfach nur total falsch.

Als nicht so ganz sattelfest in Sachen Zukunftsprognose hatte sich Jahre zuvor auch ein anderer Ewigkeitskanzler erwiesen: der »Alte vom Rhein«, wie der Führerersatz Konny Adenauer zärtlich gerufen wurde. Er äußerte sich im Jahr 1961 zur zukünftigen Bewaffnung der Landesverteidiger:

PLATZ 4:

»Es ist der sichere Untergang, wenn die Bundeswehr keine Atomwaffen hat.«

Wie schon an anderer Stelle angedeutet, kann sich das Wort »sicher« zuweilen als ausgesprochen lästiges Adjektiv erweisen. Weil »sicher« so stabil, so solide, eben so »sicher« klingt, wird man gerne darauf festgenagelt. Demzufolge erwarten einige CDU-Wähler aus Köln-Chorweiler seit nunmehr über 50 Jahren den Untergang. Zugegeben, die erste Generation ist schon weggestorben, doch wer die Menschen aus Chorweiler kennt, der weiß, dass auch die Nachkommenden in Treue fest zu Adenauer stehen. »Wenn der et saat, mut dat rischtisch saain« – so oder so ähnlich lautet ihr Credo. Schade eigentlich, dass es mit dem Untergang mutmaßlich wohl so schnell nichts wird – hätte uns viel erspart. Den »Sat.1 FilmFilm«. Synchronschwimmen als olympische Disziplin. Das Ehepaar Wulff. Seufz. Wo ist der Untergang, wenn man ihn mal braucht?

Damit nahtlos der Übergang zum selbst ernannten Enkel der Ikone Adenauer:

PLATZ 3:

»Durch eine gemeinsame Anstrengung wird es uns gelingen, Mecklenburg-Vorpommern und Sachsen-Anhalt, Brandenburg, Sachsen und Thüringen schon bald wieder in blühende Landschaften zu verwandeln, in denen es sich zu leben und zu arbeiten lohnt.«

So sprach Birne, ergriffen lauschte das Volk: Helmut Kohl, die Inkarnation des Saumagens, der ewige Kanzler, die einzige Naturgewalt, die in der Lage war, dem Wolfgangsee einen Tsunami abzutrotzen. Und? Prompt wurde er gewählt. Schon wieder. Und durfte noch einmal vier Jahre aussitzen, nur um schließlich entmerkelt und vom Genossen der Bosse ersetzt zu werden. Reden wir nicht drum herum: Die deutsche Wiedervereinigung war nicht nur eine Rotationsmaschine für Walter Ulbrichts Grabruhe, sondern auch Helmuts einzige Chance, an der Macht zu bleiben. Denn die Westdeutschen hatten den Pfälzer anno 1989 eigentlich schon gründlich über, während er bei den Ossis noch punkten konnte. Zugegeben: Sein Versuch, jenseits der Mauer im Verbund mit Willy Brandt und Walter »Der Schal« Momper die Hymne zu intonieren, entpuppte sich als peinlichster Public-Relations-Versuch der Wendezeit, doch auch wenn er als singender Superschwergewichtler keine Lorbeeren ernten konnte, so waren ihm die weniger kecken – und die sind leider Gottes meist in der Überzahl – Brüder und Schwester aus den Tälern der Ahnungslosen doch nach wie vor gewogen: so groß, so breit, so gewichtig und sprachlich noch ein wenig schwerer zu verstehen als Erich Honecker – der Mann konnte nicht von Grund auf schlecht sein. Und die blühenden Landschaften stellten sich viele auch ganz nett vor, zumal in Bitterfeld und Bautzen zu diesem Zeitpunkt höchstens noch die Neurosen blühten, und dafür war *the one and only* Helmut der absolut richtige Landschaftsgärtner (frei nach einem großartigen Song von »Element of Crime«). Übrigens: Ein bisserl schade ist es, dass heute zumeist nur noch die »blühenden Landschaften« zitiert werden. Der Schluss des Satzes macht doch auch viel her: »... in denen es sich zu leben (nun ja) und zu arbeiten (zumindest für einige) lohnt.«

Jahre vor der deutschen Wiedervereinigung hatte es in Großbritannien Versuche gegeben, die sogenannte »irische

Frage« zu lösen. Allmählich war es in England aus der Mode gekommen, Paddys zunächst einzukerkern und erst anschließend über ihre eventuellen Verfehlungen zu beraten, und auch bei der IRA gelangte man so langsam zur Auffassung, dass das ständige Niedermetzeln möglicherweise kontraproduktiv sein könnte. Dies veranlasste Maggie »Die Kuschlige« Thatcher im Jahr 1977 – damals war sie übrigens noch nicht Premierministerin – zur folgenden Prognose:

PLATZ 2:

»Spätestens im Jahr 1980 wird in Nordirland Frieden herrschen und die IRA wird eine Randnotiz der Geschichte sein.«

Nun mag sich der geneigte Leser fragen, warum es dieser Blödsinn auf Platz 2 unserer Hitliste geschafft hat. Gut, war eine höchst irrwitzige Prophezeiung, aber da muss es doch spektakulärere Fehlleistungen gegeben haben, oder? Das ist im Prinzip natürlich richtig, doch ihre ganze Wucht entfaltete die falsche Diagnose erst mit Maggies Aufstieg zur Iron Lady. Denn nachdem Mrs. Thatcher, deren Foto von afrikanischen Medizinmännern übrigens jahrelang für Dämonenbeschwörungen und andere Flüche verwendet worden sein soll, Premierministerin geworden war, war sie keinesfalls bereit, ihre damalige Fehleinschätzung zu korrigieren. Sie erklärte Nordirland einfach für befriedet und erstickte dagegen aufkommenden Widerspruch gerne durch die massive Entsendung zusätzlicher Soldaten in Richtung Belfast. Die Methode »Deeskalation durch zusätzlichen Schusswaffengebrauch« funktionierte zwar nicht so ganz, doch es dauerte Jahre, bis auch die Eiserne dies einzusehen in der Lage war. Diese Sturheit wird mit Platz 2 belohnt.

Der Spitzenplatz jedoch gebührt einem Zitat, das so locker, so flockig, so fröhlich daherkommt wie eine Kreuzung aus Bambi und Kermit dem Frosch. Ach, wie blitzten da die Äuglein immer verschmitzt hinter der großen Brille mit den Schildpattbügeln, wenn Erich Honecker das folgende – angeblich vom Ursozi August Bebel erfundene – Sprüchlein ins werktätige Volk kiekste:

PLATZ 1:
»Den Sozialismus in seinem Lauf hält weder Ochs noch Esel auf!«

Je nun, Honi (um mal mit Udo Lindenberg zu sprechen), da lagst du wohl doch ziemlich daneben. Zugegeben, du guckst dir ja nun schon seit einigen Jahren die chilenischen Radieschen von unten an, aber sollte dein Bewusstsein sich noch irgendwo auf der Erdoberfläche herumtreiben, dann achte darauf, dich von Ochsen und Eseln fernzuhalten. Diese Viecher vergessen üble Nachrede nämlich angeblich nie.

Zum letzten Mal soll Honecker den Satz übrigens am 15. August 1989 bei der Vorstellung des ersten, aufwendig entwickelten DDR-Mikrochips zum Besten gegeben haben. Zu einem Zeitpunkt also, zu dem es schon nicht mehr allzu großer Fantasie bedurfte, um zu erkennen, dass dem Sozialismus *Made in East-Germany* über kurz oder lang wohl das gleiche Schicksal blühen würde wie dem Schokoriegel Raider. Den es ja plötzlich nicht mehr gab. Genau wie die SED, die sich mittlerweile »Die Linke« nennt und behauptet, ihre Idee vom Sozialismus sei ganz anders. Und das wiederum ist exakt so wie bei Twix. Wenn Sie sich mal mit einem Twix unterhalten sollten, sprechen Sie es bloß nicht auf Raider an. Hat damit gar nix zu tun. Sagt Twix. Nix.

Abschließend sei noch angemerkt, dass Honi zwar stets behauptet hat, ursprünglich stamme der Satz von Bebel, dies jedoch wahrscheinlich frei erfunden war. Jedenfalls stieß bislang kein einziger Historiker auf einen entsprechenden Beleg, so dass wir davon ausgehen müssen, dass der letzte Staatsratsvorsitzende der DDR diesen volksnahen Reim fiebrig im eigenen Kämmerlein ausgebrütet hat. Für diese kurzsichtigste Fehlprognose der jüngeren deutschen Geschichte – getarnt als Zitat – gebührt Erich Honecker der erste Platz in dieser Rangliste. Gratulationen erübrigen sich wohl.

Kapitel 6

»SIE STROLCH!«

DIE MEHR ODER WENIGER
SUBTILSTEN BELEIDIGUNGEN

*M*achen wir uns nichts vor: Beleidigt zu sein, ist einfach, doch eine richtig gute Beleidigung zu formulieren, ist schwer. Sauschwer. Klar, für Silvio Berlusconi, George W. Bush oder Kim Jong-un liegen die Schmähungen praktisch auf der Straße, man muss sich nur bücken, zugreifen und versuchen, eine der originelleren zu erwischen. Aber im Verlauf einer politischen Debatte einen Gegner so elegant bloßzustellen, dass man am nächsten Tag nicht landauf und landab wahlweise als Jauchekübel oder Giftspritze bezeichnet wird, ist große Kunst.

In der gegenwärtigen deutschen Politszene scheint diese Kunst fast ausgestorben zu sein. Natürlich wird nach wie vor geschmäht, aber bei den meisten Provokateuren reicht's bestenfalls noch für ein »Lügner« oder eine der allgegenwärtigen Goebbels-Vergleiche. Schnarch. Hat da eigentlich mal jemand mitgezählt? Apropos: Wussten Sie eigentlich, dass der ehemalige CDU-Abgeordnete Philipp Jenninger in den frühen siebziger Jahren einer der Ersten war, die den Goebbels-Vergleich in einer Parlamentsdebatte unterbrachten? Nein? Zum damaligen Bundeskanzler Helmut Schmidt pöbelte der Volksvertreter:

»Unverschämt! Ein übler Demagoge sind Sie, Herr Bundeskanzler. Das ist eine Unverfrorenheit der CDU gegenüber. Goebbels ist das!«

Gähn. So richtig prickelnd war das damals schon nicht, und in der Zwischenzeit ist so ziemlich jeder, der sich zuweilen ums deutliche Wort bemüht, schon mal mit dem Nazipropagandaminister verglichen worden. Was ebenso wohlfeil wie geschmacklos, dämlich und ein schmetternder Tusch für miesen Geschichtsrelativismus ist, was uns jedoch nicht länger beschäftigen soll. Wenden wir uns stattdessen jenen Heroen zu, die die Kunst der spontanen Beleidigung quasi mit der Muttermilch eingesogen hatten: den Meistern des Schmähschusses aus der Hüfte. Franz Josef Strauß war so einer, sein ewiger Gegenspieler Herbert Wehner von der SPD ebenso, und auch der ehemalige Bundesaußenminister, Marathonläufer und – viel früher – mutmaßliche Pflastersteineschmeißer Joschka Fischer beherrschte die hohe Kunst der jähen Herabwürdigung. Ein Satz wie der folgende hat einfach einen wunderbaren Klang, zumal er auf den allerersten Blick gar nicht als Beleidigung erkennbar ist:

»Eher werden Sie sich halbieren als die Zahl der Arbeitslosen.«

Sprach der Mann, der jahrelang eher für seine Turnschuhe als für seine Politik bekannt war, in Richtung des pfälzischen Ewigkeitskanzlers, der daraufhin nichts erwiderte. Warum? Nun, entweder war er zu sehr mit seiner Verdauung beschäftigt, hielt wieder mal ein Schläfchen, oder aber es war ihm wurscht. Da hatte man dem Helmut schließlich schon weit schlimmere Dinge an den Kopf geworfen – Anspielungen auf seine Leibesfülle vermochten ihn nicht mehr aus der Ruhe zu bringen. Schwerer dürfte ihm da schon das im Magen gelegen haben, was ihm sein Vorgänger im Kanzleramt, Helmut Schmidt, im Jahr 1979 im Zuge einer Bundestagsdebatte vorsetzte:

»Es ist doch wirklich schwer, die CDU/CSU zu verstehen. Sie haben sich doch monatelang selbst missverstanden, meine Damen und Herren. Und wenn ich mir das Gesicht Ihres Fraktionsvorsitzenden anschaue: Er versteht es heute noch nicht.«

Nun könnte man ja zur Ehrenrettung des ehemaligen CDU-Vorsitzenden behaupten, er habe viel dümmlicher gewirkt, als er tatsächlich war, doch würde man ihm damit einfach nicht gerecht. Wahrscheinlicher ist da schon die Vermutung, dass sich in der Person des Pfälzers endlich die Sehnsucht nach der völligen Durchschnittlichkeit Bahn gebrochen hatte – der Mann verkörperte die »Mitte der Gesellschaft« mit einer unglaublichen Ausdauer und vor allem mit einer beeindruckenden Körperlichkeit. Viele Menschen sind ja in Tierparks fasziniert von der schieren Größe und der anheimelnden Trägheit eines Elefanten. Das ist ganz natürlich. Keine Angst.

Auf Herrn Kohl und dem, was er sich im Laufe seiner in ihrer scheinbaren Endlosigkeit an den Mayakalender gemahnenden Laufbahn so alles anhören musste, kommen wir später in diesem Kapitel noch einmal ausführlich zu sprechen. Zuvor wenden wir uns dem Thema »Namen« zu und was man aus ihnen alles machen kann. Okay, dass Norbert Blüm, der ehemalige Bundesarbeitsminister, aufgrund seiner Statur, die den Kleinwüchsigen der Republik neues Selbstbewusstsein bescherte (»Der Mann hat es immerhin zum Minister geschafft, Pauli. Ist nicht gesagt, dass du dauerhaft fürs Zwergenbowling herhalten musst!«), gerne mal als »Blümchen« tituliert wurde – nun, ein bisschen mehr Originalität muss man für einen Platz in der »Subtile Beleidigungen«-Liste schon aufbringen. Zudem war Blüm recht beliebt, auch wenn man nicht so recht weiß, warum, aber Kleine haben ja immer einen gewissen Bonus. Sei's drum – weit witziger ist da schon der Versuch des DGB-Vorsitzenden Ernst Breit, sich mit Wirtschaftsminister Martin Bangemann zu befassen, der in Sachen Leibesfülle ebenfalls einiges zu bieten hatte. Dies jedoch war des Gewerkschafters Thema nicht, als er über den Politiker sein berühmtes

»Martin Angst- und Bangemann«

ertönen ließ. Er reihte sich ein in eine Gruppe anderer Namens-Wortspiel-Akrobaten wie den Grünen-Abgeordneten Heinz Suhr, der den Mehrfachminister Gerhard Stoltenberg in dessen Eigenschaft als Bundeskassenwart in

»Finanzminister Schuldenberg«

umtaufte. Nicht ganz so witzig ist jenes Originalzitat von dem zu Recht schon längst in Vergessenheit geratenen CDU-Abgeordneten Gerhard O. Pfeffermann* über den ehemaligen Berliner Bürgermeister Walter Momper.

»Es mompert wieder«,

hatte O. im Jahr 1990 festgestellt und kann damit zumindest für sich in Anspruch nehmen, eine stehende Redewendung erschaffen zu haben. Denn Walter Momper, der mutmaßlich selbst beim Liebesspiel noch einen roten Schal um den speckigen Genossenhals trug, war bekannt für durchaus wohlklingende Reden, deren inhaltlicher Gehalt sich in etwa auf der Stufe eines ausgelutschten Teebeutels bewegte. Die Kunst, hohle Phrasen zu dreschen, heißt seitdem also »mompern«,

---

*Sind Ihnen Leute, die einen Buchstaben zwischen Vor- und Nachnamen spazieren tragen, auch so zuwider? Was soll das O.? Ottokar? Oswald? Oben ohne? Schämt der Mann sich für den zweiten Vornamen? Warum lässt er ihn dann nicht ganz weg? Oder macht ihn der Buchstabe interessanter? Für wen? Und wieso?

und für diesen Ausdruck müssen wir nun jenem O. dankbar sein, der darüber hinaus anscheinend auch noch Pfeffermann heißt. Egal. Reicht noch nicht für die Geschichtsbücher.

In ein solches dürfte es auch das folgende Namensspiel nicht schaffen, auch wenn sich der Grünen-Parlamentarier Werner Schulz hörbar viel Mühe gegeben hat:

»Wir brauchen eine Gründerwelle und keine Westerwelle.«

Erklärte also besagter Schulz, über den ansonsten nur bekannt ist, dass man ihn entweder schon vergessen hat oder kaum je einer wusste, dass es ihn gibt. Auch eine Qualität. Wie dem auch sei, Witze über Guido Westerwelle zu machen, ist in etwa so, als würde man der alten gebrechlichen Dorfhexe ein Bein stellen: Stimmt schon, niemand kann sie leiden, und insgeheim freut man sich natürlich, wenn sie auf die Fresse plumpst, doch so richtig nett ist es nicht. Die ist ja schließlich alt. Und Guido ist schließlich bei der FDP. Und peinlicher als eine Sexpuppe im Reliqienschrein des Bischofspalasts. Über den muss man eigentlich keine Witze mehr reißen. Ehrlich.

Schweift man ein wenig in der Vergangenheit – und angesichts unserer Gegenwart sind nostalgische Reminiszenzen durchaus angebracht –, so fällt sofort auf, dass die politischen Beleidigungen viel politischer waren. Mag sein, dass sich das ein wenig platt anhört, aber wenn der Bundestagsabgeordnete der KPD (die war damals noch erlaubt), Heinz Renner, jenen Kanzler beschimpfte, der den einen Führerkult durch den nächsten ablöste, dann klang das irgendwie … tja … irgendwie so durch und durch politisch. Irgendwie geistreich. Oder wie finden Sie das:

»Dr. Amerikadenauer.«

Schon klasse, oder? Nein? Nicht so witzig? Hm, dabei galt jener Heinz Renner doch in den fünfziger Jahren, also praktisch während der Geburtswehen der Republik (West), als übelste Giftspritze von allen, die sich vor allem mit den Abgeordneten der Union nachgerade begeisternde Wortgefechte lieferte. Später siedelte der Mann dann in die Deutsche Demokratische Republik über – eine Republikflucht der anderen Art. Vorher ließ er dem damaligen Sitzungspräsidenten gegenüber noch ein markiges

»Wenn Sie den Clown machen wollen, dann machen Sie ihn mit sich selbst«

vernehmen und brachte damit vor allem einen pummeligen, vergleichsweise jugendlichen Bajuwaren gegen sich auf, der später selbst für einige der spektakulärsten Schimpf- und Beleidigungskanonaden der demokratischen Leitkultur berühmt wurde: Franz Josef Strauß. Der nämlich hatte schon vor dem Verbot der Kommunistischen Partei Deutschlands höchstselbst herausgefunden, um wen es sich bei den Genossen in Wirklichkeit handelte. Lesen Sie selbst:

»Mörderbande! Schweinebande! Etwas anderes seid ihr nicht!«

Zugegeben, das ist nicht so wahnsinnig geistreich und mag im Nachhinein ein wenig brachial rüberkommen, aber wenn Sie sich dazu den auf dem schon 1952 sehr hübsch ausgeprägten Doppelkinn energisch nickenden Quadratschädel vorstellen, der zeit seines Lebens ohne stützenden Hals auszukommen schien, erleben Sie zumindest jenen wohligen Schauder, den auch Arachnophobiker erleben, wenn sie sich ein Bild von Tarantula angucken: Franz Josef, irgendwie fehlst du uns.

Nun muss man aber auch sagen, dass es die Sozialisten zumindest in den bundesdeutschen Parlamenten nie so ganz leicht hatten. Im anderen Teil Deutschlands natürlich schon, aber das soll jetzt nicht das Thema sein. Sehr verbreitet war beispielsweise die Ansicht des vormals bereits erlebten Rheinländers Konrad Adenauer, der in seinem unnachahmlichen Idiom, das traditionell zwischen zahnloser Greisenintonation und normalem Sprachfehler changierte, folgenden Allgemeinplatz absonderte:

»Alles, was Sozialisten von Geld verstehen, ist die Tatsache, dass sie es von anderen haben wollen.«

Man könnte selbstverständlich einwenden, dass diese Eigenschaft den Sozialisten per se nicht unbedingt zu einem schlechten Politiker macht, denn der Wunsch nach dem Geld des Steuerzahlers eint die Parlamentarier aller Länder bekanntlich per Dekret, wobei man zu den Gunsten der Einheimischen davon ausgehen muss, dass sie die Kohle nicht vordringlich fürs eigene Wohlergehen auf den Kopf hauen, sondern das Gemeinwohl im Auge haben. Sagen wir jetzt mal so. Hoffentlich. Und wenn sich dann wider Erwarten doch einmal herausstellen sollte, dass ein Volksvertreter in der einen oder anderen Form über die Stränge geschlagen hat, dann ist Herbert Wehners Replik aus einer Bundestagsdebatte des Jahres 1965 sehr zu empfehlen:

»Sie Strolch!«

So sprach Onkel Herbert, der Mann mit den canyonartigen Mundfalten, zwischen denen zumeist eine Pfeife ihr schattiges Dasein fristete, einen Kollegen der CDU an, was einerseits natürlich nicht schön, aber andererseits doch auch schon wieder von Stilbewusstsein zeugt. Denn das Wort, auf das es ankommt, ist natürlich nicht der »Strolch«, sondern das »Sie«, was unwiderlegbar dokumentiert, dass Herbert Wehner selbst für seine Intimfeinde unter den Parlamentariern – und von denen gab es viele – noch einen gewissen Respekt empfand: »Sie Arschloch« klingt ja auch heute noch viel ansprechender, als wenn man auf die Höflichkeitsform der Anrede verzichtet. Ein sehr schönes Beispiel für diese Form des Umgangs verzeichneten die Stenografen des Bundestags auch am 2. Oktober 1986, als der SPD-Abgeordnete Dr. Horst Ehmke zu Volker Rühe von der CDU, der es später übrigens bis zum Verteidigungsminister bringen sollte, hinüberrief:

»Sie sind ein rechter Kläffer!«

Ein wenig unklar ist in diesem Fall nur, was der Terminus »rechter« in diesem Zusammenhang bedeuten sollte. Meinte Ehmke damit, es handele sich bei Herrn Rühe um einen politisch eher dem konservativen Spektrum zuzuordnenden Kläffer, oder wollte er ausdrücken, Rühe sei ein »rechter« Kläffer im Sinne von »rechtschaffener«, was sich hier am ehesten mit »gründlicher« übersetzen ließe? Ungefähr so wie ein kokettes Mädchen zum eben aufgetauchten Charmeur sagt: »Sie sind mir aber ein rechter Schelm, Sie.« Oder sagt man das nicht mehr? Hmm. Wohl eher nicht. Schade.

Abgesehen von der Angewohnheit, selbst den abgefeimtesten Schurken noch zu siezen, sofern er ein im Sinne der demokratischen Willensbildung des Volkes gewählter Repräsentant war, gab es in der guten alten Zeit, als die Kriege noch kalt waren und die Atomkraftwerke wie Pilze aus dem Boden schossen, auch immer wieder jene Momente, in denen sich rhetorisches Talent und der Wille zur Herabwürdigung des Kontrahenten in unnachahmlicher Weise Bahn brachen. Der bereits mehrfach erwähnte Franz Josef Strauß hatte zahlreiche derartige Momente, als er beispielsweise Hans-Dietrich »Flugmeilen« Genscher einst bescheinigte, eine

»Edelkurtisane zwischen zwei Monarchen«

zu sein und ein paar Jahre später Helmut »Wo ist der Aschenbecher?« Schmidt einen längeren Reha-Aufenthalt zwecks geistiger Gesundung empfahl:

»Dieser Mann ist reif für die Nervenheilanstalt.«

Allerdings: Solche Diagnosen blieben im Fall Schmidt die Ausnahme, wie er überhaupt höchst selten das Ziel wirklich heftiger Attacken war. Kein Wunder, schlug er doch eine so brillante rhetorische Klinge, dass seine politischen Widersacher seine verbalen Rachefeldzüge durchaus fürchten mussten – nicht umsonst der halb beleidigende, halb bewundernde Spitzname »Schmidt Schnauze«. Für dieses Kapitel trägt der Bügelfalten-Hanseat leider, leider wenig bei, wurde er doch fast nie ausfallend, sondern verließ sich erfolgreich auf die bedauerlicherweise immer seltener werdenden Zutaten für ein gedeihliches Miteinander: bitterböse Ironie und knallharten Sarkasmus.

Und zum Opfer taugte ohnehin weit eher der ebenfalls bereits erwähnte Norbert »Die Tulpenzwiebel« Blüm, dessen melodischer Sprechgesang zur Paradedisziplin selbst mäßig begabter Parodisten wurde. Neben dem *Wie* erbitterte vor allem das, *was* er sagte, viele seiner Kritiker. Das folgende Zitat der Grünen-Abgeordneten Gabriele Potthast vom 12. April 1984 illustriert dies eindrucksvoll:

»Das, was Sie hier geliefert haben – süße Worte, Aufwertung der Mütterlichkeit; für manche Frauen hört es sich ja reizvoll an –, ist der berühmt-berüchtigte Zuckerguss über einem Scheißhaufen.«

Richtig kränken allerdings konnte sie Nobby damit nicht, denn der zu seiner Zeit bekannteste Oskar-Mazerath-Verschnitt des Parlaments wusste um die Anforderungen seines Berufsstandes:

»Ein Politiker muss das machen, was er für richtig hält. Denn Politik ist kein Schönheitswettbewerb und auch kein Beliebtheitstest.«

Hübsch gesagt, oder? Kann man nicht widersprechen. Schön? Ist natürlich Geschmackssache und ohnehin überbewertet, aber in der Regel fällt der Parlamentarier ästhetisch eher durch. Beliebt? Och. Na ja. Vielleicht ein paar. 'ne Weile, möglicherweise. Wenn sie Steuern senken oder den Populisten Futter geben. Wie Roland Koch. Erinnern Sie sich noch? Der Mann war mal hessischer Ministerpräsident und lebte jahrelang davon, dass er rhetorisch so geschickt gegen Ausländer, Asylanten und andere Unerwünschte hetzte, dass die Stammtische endlich sagen konnten: »Guck mal, der sagt, was wir denken. Und so schlau. Der ist toll.« Die ehrliche Auseinandersetzung mit den wichtigen Themen mag möglicherweise bei Herrn Koch durchaus stattgefunden haben – wichtiger waren ihm jedoch, zumindest nach außen, stets jene Bereiche, die seiner Wiederwahl dienlich sein konnten. Die Wirklichkeit kam bei ihm nur selten vor, was sein Parteikollege und ehemalige baden-württembergische Ministerpräsident Lothar Späth höchst eloquent einmal so formulierte:

»Die Politiker in Deutschland stehen zurzeit in einem großen Verdrängungswettbewerb. Allerdings nicht untereinander – sie verdrängen gemeinsam die Realität.«

Apropos Parteikollege. Oder, wie die Steigerung eigentlich heißt: Feind, Todfeind, Parteifreund. Denn tatsächlich sind die Plätze an der Spitze einer politischen Gruppierung traditionell umkämpft – auf einer Nadelspitze ist schließlich auch nur für eine begrenzte Anzahl von Bazillen Platz. Und weil das so ist, und weil der Weg nach oben nur über die Treppe der Gestrauchelten (schöne Metapher, nicht wahr?) führt, demonstriert man nach außen gerne Einigkeit, um im Inneren des Parteienkosmos umso unerbittlicher um die Posten und Pöstchen zu ringen. Wie es Hans Magnus Enzensberger lyrisch formulierte: »Mit unerbittlicher Freundlichkeit.« Von dieser kann man im Falle der wechselseitigen Antipathie zwischen dem Genossen der Bosse und der ehemaligen Bewerberin seiner Partei um den Sessel des hessischen Ministerpräsidenten (bzw. der Ministerpräsidentin, schon klar) nicht mehr sprechen. Die Dame heißt Andrea Ypsilanti, was an anderer Stelle bereits gewürdigt wurde. Tatsache ist, dass Gazprom-Gerd die besagte Kollegin einfach nie ausstehen konnte und seiner Geringschätzung beredten Ausdruck verlieh:

»Diese Frau XY.«

Es war vor allem Gerhards berühmt-berüchtigte Agenda 2010, die Frau Ypsilanti partout nicht schmecken wollte, was man einerseits verstehen kann, was ihrer Parteikarriere langfristig jedoch ein wenig schadete. Denn nach ihrem vergeblichen Anlauf aufs höchste Amt der Äppelwoiverkoster verschwand sie sang- und klanglos in der politischen Versenkung. Andere gescheiterte Kandidaten – und davon gibt es in der SPD sehr viele – werden mehr oder weniger elegant recycelt: Andrea jedoch wurde scheinbar komplett entsorgt. Rumms. Ratzfatz. Aus die Maus. Leg dich nicht mit dem Nadelstreifensozi an. Bringt nix, du XY, du. Und ihr Nachfolger an der Spitze der hessischen SPD? Heißt Thorsten Schäfer-Gümbel! Doch, ehrlich. Wenn ich's doch sage. Nein, das ist kein Virus. Das ist ein Name.

Zurück zum Thema: Auch Gerhard Schröder selbst wurde gern und oft zur Zielscheibe für subtile Beschimpfungen, die manchmal so harmlos daherkamen, dass Otto Normalverbraucher sich gerne mal am Grind kratzte und nachfragte, was denn dies, bitte schön, jetzt schon wieder heißen sollte:

»Der Kanzler hat so einen gewissen Facharbeitercharme.«

So sprach es das SPD-Vorstandsmitglied Andrea Nahles, die von einem großen deutschen Satireportal seit Jahren gerne und ausdauernd als Andrea »Juckreiz« Nahles bezeichnet wird, was zum einen ihrer Ausstrahlung und zum anderen ihrer Tonlage bemerkenswert gerecht wird. Was der Kanzler über dieses »Kompliment« dachte, ist leider nicht überliefert. Schade, eigentlich.

Damit nähern wir uns auch schon wieder unserer beliebten (so hoffe ich zumindest) Hitliste. Einleiten wollen wir diese inoffizielle und keinesfalls repräsentativ die Meinung eines ausgewählten Teils der Bevölkerung wiedergebende Aufzählung mit einem beleidigenden Rundumschlag des Nachkriegskanzlers Konrad Adenauer, der einen überaus legeren Umgang mit der Meinung seiner Kritiker pflegte:

»Ich bin, wie ich bin. Die einen kennen mich, die anderen können mich.«

Jau, so war er eben, der Konny. Immer einen markigen Spruch auf den Lippen, immer die nassforsche Replik im Köcher. Der Mann, der ernsthaft beabsichtigt hatte, noch als Hundertjähriger die Republik zu führen, weil er sich nicht vorstellen konnte, dass es ohne ihn auch geht. Hat aber dann doch geklappt, denn ansonsten hätte man ihn womöglich seither rund 500-mal wiederbelebt. »Hirntod« war in der deutschen Politik bekanntlich noch nie ein Hindernis für Wahlerfolge.

Lassen Sie uns die Top-12-Liste dieses Kapitels beginnen mit einem Zitat von Spiro Agnew. Der ehemalige Gouverneur von Maryland und US-Vizepräsident ist hierzulande eher unbekannt, hätte aber gute Chancen gehabt, der 38. Präsident der Vereinigten Staaten zu werden, als sein Kumpel Dicky Nixon wegen Watergate seinen Hut nehmen musste – wäre Spiro selbst nicht ein paar Monate zuvor aufgrund natürlich völlig unbewiesener Korruptionsvorwürfe zurückgetreten. Dumm gelaufen. Dabei hätten sich doch vielleicht auch in Maryland ein paar jüdische Vermächtnisse finden lassen ... Aber wir schweifen ab. Jedenfalls war Mr. Agnews politische Grundhaltung irgendwo zwischen Attila und Kaiser Wilhelm anzusiedeln. Der erklärte Befürworter der Todesstrafe und Verfechter des freien Schusswaffenhandels (so weit, so traditionell amerikanisch) rief gerne mal zum Boykott muslimischer Geschäfte auf, konnte sich öffentlich vorstellen, homosexuellen Menschen den Zutritt zu Universitäten und öffentlichen Ämtern zu verwehren, behauptete, es sei nicht nur das Recht, sondern sogar die Pflicht der USA, lateinamerikanische Staaten zu kontrollieren und freie Wahlen dort zu verhindern, und forderte wiederholt eine schnelle Bombardierung von Kuba. Angesichts so vieler liebenswerter Charakterzüge und erwähnenswerter Zitate darf nicht verschwiegen werden, dass Spiro Agnew sich in seinen Formulierungen stets auch um eine gewisse Originalität bemühte. Ein schlichtes »Knüpft die Schwulen auf« hätte ihm nicht genügt – Spiro hatte zeitlebens ein untrügliches Gespür dafür, welchen lingualen Nuancen er seinen Landsleuten zumuten konnte. Er hätte sein Credo eher in den folgenden Satz gekleidet: »Hängt die Homos höher.« Klingt hübscher, oder? Das liegt an der Alliteration.* Und weil Mr. Agnew auf Sprachspiele so abfuhr, gab er im Rahmen einer Debatte des Parlaments von Maryland den folgenden Ausspruch zum Besten:

---

*Liebes Prekariat: Eine Alliteration ist keine Gießkanne für Alkoholiker, sondern so 'n Satz, in dem die Worte die gleichen Anfangsbuchstaben haben. Ungefähr wie »Schöne Scheiße« oder »Ausländer aus«. Ja, ich weiß – eigentlich heißt das ja »Ausländer raus« bei euch, aber mit »raus« klappt es nicht. Wegen dem »r« und so. Dann ist das keine Alliteration mehr. Kapiert?

153

PLATZ 12:

»Nattering nabobs of negativism« (auf Deutsch in etwa
»schnatternde Sultane des Schlechtredens« oder »meckernde
Mogule der Miesmacherei«).

So bezeichnete Spiro Agnew Journalisten, die es gewagt hatten, seine Amtsführung zu kritisieren. Zugegeben, das klingt schon irgendwie cool, oder? Aus dem Munde eines »pöbelnden Politprofis der Peinlichkeit«, dem man zudem eine »kolossale Karriere mit der Kraft der Korruption« nachsagte, verliert es zwar etwas an sprachlichem Charme, aber im Prinzip gehen wir in dieser einen Sache mit dem Exgouverneur, der sich die Radieschen schon seit 1996 von unten anguckt, durchaus konform: Auch Beleidigungen dürfen und sollten über ein Mindestmaß an Ausdrucksstärke verfügen. Auch im Alltag. Ein primitives »Du Arsch« ist lange nicht so eindrucksvoll wie ein »Armseliger Arsch der Analfixierung«. Macht zwar keinen Sinn, klingt aber scharf. Irgendwie.

Auch Metaphern sind ein hübsches Stilmittel, das bei Schmähungen durchaus mehr Aufmerksamkeit verdient hätte.* Ein ausgesprochen großartiges Beispiel für eine Metapher, bei der man unverzüglich weiß, was damit ausgesagt werden soll, lieferte am 4. Mai des Jahres 1956, na klar, Onkel Herbert, der gedanklich vielleicht schon in der Bundestagskantine weilte, als er dem Unionsabgeordneten Georg Kliesing attestierte:

---

*Liebes Prekariat: Metaphern sind sprachliche Bilder. Wenn ihr euch selbst beispielsweise als »geiler Typ mit 'nem Hammerhintern« beschreibt, dann bildet dies natürlich in unverblümter Weise die Wirklichkeit ab. Ist eben so. Klingt aber langweilig. Wenn ihr jedoch eine Metapher benutzt, wird das Ganze echt krass. Ungefähr so: »Ich bin ein Rassehengst, und mein Hintern ist so knackig wie die Sitzschale im Porsche Turbo.« Verstanden? Nein? Och menno.

PLATZ 11:
»Sie geistiges Eintopfgericht!«

Toll, oder? Da steht einem doch sofort das Bild vor Augen von einem auf dem Herd sanft vor sich hin blubbernden Kessel mit einer grau-grünen Pampe als Inhalt – ein Bild, das nahtlos überleitet zur vermeintlichen Großhirnrinde des besagten Abgeordneten. Diese Metapher sorgt also dafür, dass wir Herrn Kliesing für zumindest ein bisschen beschränkt halten, ohne jemals zuvor von diesem Mann gehört zu haben und ohne Chance, uns ein eigenes Urteil zu bilden. Als Beleidigung also geradezu ein perfektes Exempel der Nachhaltigkeit.

Auf Platz 10 folgt wieder einmal jener Herr, der sich in China, Südamerika und Afrika gerne als »der wahre Kanzler« feiern ließ, der begeisterte Hobbypilot, der für seinen Freistaat schon mal ein paar Sonderkonditionen aushandelte und während der sogenannten *Spiegel*-Affäre selbst vor gröbsten Attacken auf den Rechtsstaat nicht zurückschreckte: Franz Josef Strauß. Sein Auftreten zwischen Pitbull und Punkrocker brachte ihm in der Heimat das zärtlich zu verstehende Kompliment »A Hund is a scho« ein, was im bayerischen Selbstverständnis nichts mit einer Herabwürdigung zum sabbernden und Beinchen hebenden Vierbeiner zu tun hat, sondern eher ein Kompliment für geistige Flexibilität und unerwartete Raffinesse darstellt. Dem besagten »Hund« (auch die verniedlichende Koseform »Hundling« ist gebräuchlich) gelang es in den achtziger Jahren, gleich zwei Repräsentanten seines Lieblingsfeindes – wir sprechen natürlich von der CDU – mit einer einzigen eleganten Floskel zu beleidigen:

PLATZ 10:

»Geißler wird nicht Verteidigungsminister, eher wird Rita Süssmuth deutsche Schönheitskönigin.«

Dazu ist anzumerken, dass Heiner Geißler und FJS zeitlebens nicht die allerbesten Freunde waren. Beide hochintelligent, rhetorisch bewandert und vergleichsweise rücksichtslos in der Verfolgung ihrer politischen Ziele, kamen sie sich einfach zu oft ins Gehege, um sich ernsthaft mögen zu können. So weit, so nachvollziehbar. Um aber den zweiten Teil des Satzes würdigen zu können, sollte man ein Bild von Rita Süssmuth – zweifellos eine honorige Frau mit großen Verdiensten um die Politik – vor Augen haben. Oder zumindest im Kopf. Oder lieber nicht, wenn Sie vorhaben, heute noch erotisch aktiv zu werden. Mehr gibt es zu diesem Thema nicht zu sagen, sonst heißt's wieder, der Richter wäre ein Chauvi. Was ja gar nicht stimmt. Kann doch niemand was dafür, dass Rita Süssmuth so aussieht, als hätte jemand versucht, einer Gewürzgurke ein Gesicht aufzumalen. Nicht meine Schuld.

PLATZ 9:

Wie bereits mehrfach erwähnt, wurde auch Helmut Kohl gern und oft zur Zielscheibe hämischen Spotts. Nun möge mancher einwenden, dies habe der Mann nicht verdient, so ständig abgekanzelt bzw. abgekanzlert zu werden. Doch eigentlich ist das Gegenteil korrekt: Wenn nicht er, wer dann? Birne hat uns über eineinhalb Jahrzehnte mit seinem unerträglichen Gelalle, das nur wohlwollende Gehörlose als den Versuch zu sprechen werten konnten, gequält, hat in seiner stiernackigen Unendlichkeit bleiernen Stillstand über das Land gebreitet und die achtziger Jahre in eine biedermeiernde Ödnis biblischen Ausmaßes verwandelt. Wenn also Joschka Fischer fragte …

»Wer von uns hätte sich dieses pfälzische Gesamtkunstwerk vorzustellen vermocht, welches in barocker Opulenz so langsam versumpft?«

… dann ist das eigentlich gar keine echte Beleidigung, sondern eine Art Bestandsaufnahme voll tiefer Verzweiflung, ein süffisant vorgebrachter, dessen ungeachtet jedoch eindringlicher Schrei nach Hilfe. »Wir sind doch nicht alle so«, wollte Joschka damit sagen, wollte aufbegehren gegen jenen kohlschen Impetus, der sich in Saumagen, Knödeln und Kraut manifestierte und nach außen ständig jenen Mief verbreitete, den die 68er noch unter den Talaren wähnten, der sich jedoch über die Junge Union schon längst in die Wohnstuben der Republik gemüffelt hatte. *Generation Golf* heißt ein treffliches Werk von Florian Illies, das dieser über jene Menschen zu Papier brachte, die gezwungen waren, im gewaltigen Schatten des Oggersheimers aufzuwachsen, und man muss dieses Buch nicht gelesen haben, um seinen Titel interpretieren zu können. Oder fällt Ihnen auf Anhieb ein Auto ein, das fader aussah als der erste Golf? Ja, gut, ein Lada möglicherweise, aber der Titel »Generation Lada« hätte sich wohl aus mehreren Gründen nur schlecht verkauft. (Selbstverständlich, liebe Volkswagen-Beschäftigte, sehen heutige Golf-Modelle samt und sonders megageil aus, sind total hip und ästhetisch sowie technisch auf dem allerneuesten Stand. Versteht sich.)

Wie uns vor einigen Zeilen der ehemalige König (vulgo: Ministerpräsident) von Bayern bereits bewiesen hat, waren

Frauen in der politischen Arena über viele Jahre hinweg nicht unbedingt gern gesehen und schon gar nicht wohl gelitten. Chauvinismus und Machismo feierten fröhliche Urständ, und über Jahrzehnte hinweg wurden weibliche Abgeordnete eher an ihren Kurven denn an ihrer politischen Intelligenz gemessen. Nicht auszudenken, wenn man das Qualifizierungsmerkmal »Optik« auch auf Männer angewendet hätte. Wer wäre übrig geblieben? Doch wohl höchstens Björn Engholm. Und an den erinnert sich kaum noch einer. Wissen Sie noch? Der mit der Pfeife und dem karierten Sakko? Dufter Typ.

So verwundert es kaum, dass auch Altkanzler Helmut »Schnauze« Schmidt im Zuge einer Bundestagsdebatte des Jahres 1966 ein wenig entgleiste, wobei seine Beleidigung zwar aus heutiger Sicht weit unterhalb der Gürtellinie anzusiedeln ist, damals allerdings noch als fröhlicher Scherz durchging:

PLATZ 8:
»Ja, ich weiß, dass die Kollegin weiblichen Geschlechts ist. Aber man vergisst das manchmal, wenn man ihr zuhört.«

Finden Sie nicht so witzig? Na ja, da haben Sie wohl recht. Doch vollends peinlich wird Schmidts Witz (sprechen Sie die beiden letzten Worte mal schnell hintereinander aus – irre, was?) durch die Zwischenrufe der Union. Denn die solcherart geschmähte Abgeordnete gehörte tatsächlich der Riege von CDU und CSU an, was im Jahr 1966 beileibe keine Selbstverständlichkeit war. Bei vielen Konservativen war Frau Sommer (und ihr wunderbarer Jacobs Kaffee – die Älteren erinnern sich) die einzige Frau, die man in der Öffentlichkeit wahrzunehmen hatte, und weibliche Vorstellungen von politischer Arbeit waren in etwa so gefragt wie heutzutage für Til Schweiger ein flotter Dreier mit Gitti und Erika. Berücksichtigt man dies, dann ist die anonyme Replik, die Schmidt mit diesem jovial verschämten Glucksen echter Männerkumpanei in Zeiten von Herrengedecken entgegenflatterte, grauenhaft verständlich: »Sie sind kein Kavalier.« Puuh.

By the way: Nicht zuletzt durchs pastellfarben leuchtende Vorbild von Mutti M. sind mittlerweile doch ein paar Frauen an den Schalthebeln der demokratischen Hegeschau angekommen. Dies ist – um an dieser Stelle mal wieder »Wowi«, die berlinernde Kalauergranate zu zitieren – »auch gut so«, doch sei eine Anmerkung gestattet: Müssen Namen wie Kramp-Karrenbauer oder Leutheusser-Schnarrenberger wirklich sein? Genügt es nicht, wenn sich ein Schäfer-Gümbel stellvertretend für die Männer namenstechnisch zum Vollpfosten macht?

PLATZ 7:

Eine weitere barocke Gestalt, der die hohe Kunst der Schmähung in allen – auch den eloquenteren – Varianten vollendet beherrschte, war Franz Josef Strauß. Sehr hübsch wird das mit dem folgenden Vorhalt illustriert, den der Exverteidigungsminister (»Lockhead-Strauß«) einem seiner Amtsnachfolger machte, dem für die Landesverteidigung zuständigen SPD-Mann Hans Apel:

»In Ihrem Auge steckt nicht nur ein Balken, in Ihrem Auge steckt ein ganzer Wald.«

Leider ist nicht überliefert, was Apel – die fleischgewordene norddeutsche Tiefebene – erwiderte, doch bedenkt man, dass der Mann tatsächlich durch den Satz »Ich glaub, mich tritt ein Pferd« bundesweite Berühmtheit erlangte, muss man das Schlimmste befürchten. Da lassen wir doch lieber Hans-Jochen Vogel antworten, jenen einstigen Münchner Oberbürgermeister und späteren Vorturner der Sozis, der seinen großen Widersacher aus der Bayerischen Staatskanzlei bei einer Gelegenheit unfreiwillig anerkennend als *»Alpenchurchill«* bezeichnete. Dieses »Bonmot« (hüstel) jedoch muss bei Vogel als Ausnahme durchgehen, denn während seines sonstigen Berufslebens zeichnete er sich eher durch den staatstragenden Humor einer Klarsichtfolie aus. Auch optisch war er diesem beliebten Ordnungswerkzeug übrigens nicht unähnlich, aber das nur am Rande.

Was bisher in unserer Aufzählung noch kaum eine Rolle spielte, ist die gereimte Bosheit. Eigentlich schade, denn in den Reihen des Parlaments versteckten sich zumindest in der Vergangenheit durchaus begabte Verseschmiede. Unter diesen ist Herbert Wehner an exponierter Stelle zu nennen, was der folgende Satz, den er dem CDU-Abgeordneten Eduard Lintner im November 1979 entgegenraunzte, eindrucksvoll belegt:

PLATZ 6:

»Der deutsche Spießer ist ein Darm, gefüllt mit Furcht und Hoffnung, dass Gott erbarm! Sie sind ein Beweisstück dafür!«

Toll, nicht wahr? Da hatte Onkel Herbert, der irgendwie ständig so griesgrämig wirkte, als hätte man einem Folterknecht in der Seniorenresidenz die neunschwänzige Katze abgenommen (»Nein, Herbert, damit wird im Stift nicht gespielt!«), es seinem Kontrahenten mal so richtig eingeschenkt. Wobei die Frechheit des ehemaligen Kommunisten, einen Kollegen aus dem christdemokratischen Lager mit einem »Gott erbarm« zu kränken, gleich doppelt hoch angerechnet werden muss. 'erbert – douze points.

PLATZ 5:

Während in der Regel die mehr oder weniger originellen Erfinder der Schmähungen sich eines gewissen Bekanntheitsgrades erfreuen, trifft das bei der folgenden Beleidigung eher auf das »Opfer« zu. Denn wenn auch Politiker in erstaunlicher Häufung der Überzeugung sind, unverwechselbar, einmalig und damit per se eigentlich auch unvergesslich zu sein, werden sich selbst die gedächtnisstärksten unter den Lesern kaum näher an den SPD-Abgeordneten Ottmar Schreiner erinnern. Oder? Ottmar? Der Otti? Der ... äääh ... ja, da war doch was ... pfff ... dieser, ja – dieser Schreiner eben. Sie wissen schon. Weitaus mehr lässt sich da schon mit dem Ziel seines Angriffs anfangen, jenem Minister, für den der Erdgeschossknopf im Aufzug des Bonner Abgeordnetenhochhauses »Langer Eugen« in Kohls Kniehöhe geschraubt wurde: Norbert Blüm. Das soziale Gewissen der Union. Der Freund der – aufgepasst – *kleinen Leute*. Prust. Zu diesem sagte der vormals erwähnte ... äääh ... genau, der Schreiner, also im Jahr 1992:

»Sie können sich wahrscheinlich mit dem Titel des größten Schönredners aller Zeiten schmücken. Ihnen gelingt es sogar, ein Stück Kuhscheiße in einen Goldklumpen zu reden.«

Und wenn er nicht gestorben ist, dann plappert Nobby noch immer mehr oder weniger melodisch vor sich hin, denn mit einem hatte Ottmar »Wer?« Schreiner absolut recht: Für den langjährigen Arbeits- und Sozialminister gab es eigentlich keine negativen Nachrichten. Diesem Mann stand der Frohsinn mit derart penetranter Dauerhaftigkeit ins schmollmündige Antlitz geschrieben, dass er über Jahre hinweg als der einzige konservative Politiker galt, der keine echten Feinde hatte. Oder können Sie sich vorstellen, Bambi töten zu wollen? Klopfer, den kleinen Hasen? Einen Hobbit? Na also ...

Um noch einmal auf die Überzeugung vieler Volksvertreter zu sprechen zu kommen, ihr Charisma sei stark genug, um dem Mob als Leuchtfeuer der gelebten Vorbildfunktion über Jahrzehnte hinweg im Gedächtnis zu bleiben, darf an dieser Stelle eine kleine Anekdote nicht fehlen: Nachdem der Augsburger Bundestagsabgeordnete Dr. Walter Althammer, immerhin mehr als 20 Jahre im Parlament vertreten, 1985 aus der Volksvertretung ausgeschieden war, erschien ein paar Jahre später in einer Zeitung seines ehemaligen Stimmkreises ein kurzer Bericht, in dem auch sein Name vorkommen sollte. Aus Walter Althammer machte das damals noch in löchrigen Kinderschuhen steckende computergestützte Rechtschreibprogramm ein »alter Waldhammer«. Keinem der Redakteure fiel dies auf.

Zurück zu Norbert Blüm. Der musste zwar viel einstecken, teilte zuweilen aber auch aus. Nicht oft, aber manchmal gelang ihm sogar ein stilvoller Angriffszug, sodass er sich in unserer kleinen Reihe um Haaresbreite auf dem »Stockerl« wiedergefunden hätte:

PLATZ 4:

»Gerhard Schröder ist der Richard Kimble der deutschen Politik – immer auf der Flucht vor seinen eigenen Aussagen.«

Nicht übel, oder? Kann man doch lassen. Man mag sich zwar nicht ausmalen, wie lange Blümchen für diesen Kalauer geübt hat, aber das Resultat kann sich durchaus sehen lassen. Oder wie es Anke Fuchs (SPD) zu formulieren beliebte:

»Der redet wie Kohl, nur witziger.«

Yep. Ein bisschen wenigstens.

Damit – kleiner Tusch vorweg – folgen nun die drei Zitate, die, wie's der Sportreporter so fluffig formuliert, die Medaillen unter sich ausmachen. Auf dem Bronzerang landet ein gewisser Jochen Feilcke, der mittlerweile völlig zu Recht den Bekanntheitsgrad eines namenlosen Tamagotchis aufweist, aber in seiner politischen Laufbahn, die im Übrigen bei der Christlich Demokratischen Union stattfand, einen rhetorisch lichten Moment hatte. Da nämlich ätzte er in Richtung des grünen Marathonmanns Joschka Fischer:

PLATZ 3:

»Da kommt der Nadelstreifenrocker.«

Jau. Das fetzt. Nicht, weil es so wahnsinnig witzig wäre, sondern weil es so einprägsam ist und die Widersprüche, in der Person des ehemaligen Steineschmeißers und späteren Machtmenschen und auf Abruf heiratswilligen Käpt'n Grünbär so haargenau auf den Punkt bringt. Kompliment, Feilcke, du lange unterschätzter Stand-up-Comedian. Was viele nicht wissen (zugegeben, *keiner* weiß es): Feilcke war schon vor seinem Leben als Abgeordneter mit einer ganzen Reihe unglaublich aufregender Berufe und Berufungen gesegnet. Wir zitieren aus dem allzeit zuverlässigen (hihi) Internetlexikon *Wikipedia*: »Von 1972 bis 1973 war er Geschäftsführer des Demokratischen Klubs (??? Hä?), im Oktober 1973 wurde er Verbandsreferent der Zentralvereinigung Berliner Arbeitgeberverbände (cool – Verbandsreferent!). Von 1978 bis 1981 war er Geschäftsführer des Bildungswerkes der Berliner Wirtschaft (das Bildungswerk der Berliner Wirtschaft! Oder – wie andere sagen: die Rütli-Schule der Besserverdienenden), danach Leiter der Abteilung Arbeitsmarkt und internationale Sozialpolitik der Zentralvereinigung Berliner Arbeitgeberverbände und des Arbeitgeberverbandes der Berliner Metallindustrie.« (Lassen Sie sich die letztgenannte Berufsbezeichnung bitte auf der Zunge zergehen und versuchen Sie sich dann etwas *noch* Überflüssigeres vorzustellen – es wird Ihnen nicht gelingen.) Immerhin: Mit dem »Nadelstreifenrocker« hat er der politischen Kultur zumindest einen nachhaltigen Dienst erwiesen. Und das ist mehr, als die meisten seiner Kollegen von sich behaupten können.

Und weil wir gegenüber jenem Mann, der die Turnschuhe irgendwann auszog, Kilos mal verlor und dann schneller wieder zulegte, als der gemeine Grüne »Atomausstieg« sagen kann, nicht ungerecht sein wollen, geben wir ihm an dieser Stelle gleich die Chance zur eigenen Profilierung. Denn man kann über den ersten Öko-Außenminister der Republik viel sagen – ein Langweiler war Joschka nie. Und mit einem ebenso schlichten wie nachhallenden Verslein schafft er es hier auf den zweiten Platz.

PLATZ 2:
»Sehr hohl, Herr Kohl.«

Ohne jetzt explizit zu erwähnen, zu wem das Schwergewicht des Recyclingkombinats diese Worte im Jahr des Herrn 1983 sagte, darf festgehalten werden: Unmittelbarer lassen sich Dinge nicht auf den Punkt bringen, vernichtender kann das Urteil über eine Rede kaum ausfallen. In seiner prägnanten Kürze schlicht und ergreifend stilbildend. Großartig.

Auf der obersten Stufe unserer Skala hat einer Platz genommen, an den man sich kaum noch erinnert, dabei war Heinz Kühn immerhin von 1966 bis 1978 nordrhein-westfälischer Ministerpräsident. Der Mann war ein in Köln geborener und aufgewachsener katholischer Sozialdemokrat, was in dieser Gegend üblich ist, andernorts allerdings in etwa so betrachtet wird, als wäre ein afroamerikanischer Universitätsdozent jüdischen Glaubens Ortsvereinsvorsitzender des Ku-Klux-Klans. Doch Heinz Kühn gelang es über Jahrzehnte hinweg, diese scheinbaren Widersprüche souverän auszuleben, was nicht unbedingt für sein politisches Talent sprechen muss als vielmehr für einen bodenständigen Humor, der sich zwar einmal im Jahr röchelnd vor den Auswüchsen des Kölner Karnevals zu übergeben hatte, ansonsten aber stilbildend für so manchen seiner Nachfolger hätte sein sollen. »Bruder Johannes« Rau beispielsweise verfügte in etwa über so viel Witz wie ein Sparkassenkugelschreiber, Jürgen »Kinder statt Inder« Rüttgers hingegen versprühte die nervig flackernde Heiterkeit einer defekten Leuchtstoffröhre. Ne, ne – dat Heinz war schon 'ne Marke, was er am 13. März 1975 eindrucksvoll demonstrierte. In Richtung Helmut Kohls (jaaaa, schon wieder!), damals noch Ministerpräsident in Rheinland-Pfalz und damit

Kühns Kollege und Nachbar, zitierte er aus einem angeblich aus dem 17. Jahrhundert stammenden Kochbuch:

PLATZ 1:
»Kohl erzeugt Blähungen und treibt schwarze Dämpfe ins Gehirn.«

Und so ist es ja dann auch gekommen. Jahrelang.

Kapitel 7

»WIR SIND BEREIT FÜR JEDES UNVORHERGESEHENE EREIGNIS, DAS EINTRITT ODER AUCH NICHT«

DIE ANDEREN SIND AUCH NICHT BESSER – VON BUSH BIS BERLUSCONI

Sie kennen sicherlich jenes Sprichwort vom Glashaus. Und den Steinen. Mit denen man besser nicht wirft, wenn man ... Ja? Ist klar, oder? Und deshalb treten wir jetzt auch mal ganz leise auf, geben uns bescheiden und zurückhaltend, räumen ohne Weiteres ein, dass es bei uns eine ganze Generation gibt, die Politik stets mit dem Begriff »Kohl« verband und darob so verblödet wurde, dass sie Gerhard Schröder für einen Linken hielt. Prust – oder vielleicht eher seufz? Denn Millionen haben ihre Existenz von der Vorpubertät bis zu den ersten grauen Haaren/ersten kahlen Stellen (Nichtzutreffendes bitte streichen) unter der Ägide der Oggersheimer Birne verbracht, die sich 16 (in Worten: sechzehn!) Jahre lang erfolgreich als Kanzler verkleiden konnte. Diese um 1970 (plus/minus drei oder vier Jahre) geborenen Menschen werden heute gerne als »Generation Golf« bezeichnet, was nicht etwa an ihrem gehobenen Lebensstil und dem Verzicht auf Geschlechtsverkehr liegt, sondern schlicht und ergreifend daran, dass in ihre Kindheitsjahre die Schaffung jenes Wolfsburger Wunderautos fiel, das unter der sinnfreien Bezeichnung »Golf« in die automobile Geschichte einging. Schade, dass damals niemand daran gedacht hatte, den Karren »Tennis« zu nennen, denn dann hätte man sich mit der Ausstattungsvariante »Boris« (»Äääääh ...«) und der noch ungleich attraktiver motorisierten Version »Steffi« (»Wumm!«) eine goldene Nase verdienen können. Tja, aber weil man ja auf »Golf« verfallen war, mussten zum Aufpolieren des Images irgendwann die Sondermodelle »Pink Floyd« und »Rolling Stones« herhalten, was die eigentlich noch ganz schnuckelige Kiste unverzüglich in den Status der Antiquität beförderte. Generation Rollator sozusagen. Tja. Schade. Aber das nur nebenbei.

Was eigentlich gesagt werden sollte, ist Folgendes: Weil wir gefühlte hundert Jahre klaglos jenen jovial geknödelten Wortmüll geschluckt haben, den der Saumagenverputzer Tag für Tag absonderte, sollten wir auch bei den Amis ein Auge zudrücken. Die haben nämlich George W. Bush, den nüchternsten Texaner seit der Erfindung des Flachmanns, glatte zwei Amtszeiten ins Weiße Haus gesperrt, wobei vor allem die Bewohner der Westküste anfangs felsenfest davon ausgingen, bei jenem Gebäude müsse es sich um eine Klinik handeln, die nur zufällig dem Regierungssitz ähnelt. Tja, weit gefehlt. Tatsache ist, dass ihr bibelfesten Indianerbeseitiger acht Jahre lang von einem Grenzdebilen regiert wurdet, der Honolulu nach wie vor für die Flitterwoche eines Schwulenpärchens hält, Kofi Annan für eine exotische Kaffeesorte und alternative Energien für subversive Antikriegshetzer.

Das scheint Ihnen übertrieben? Weit hergeholt? So doof kann der Mann doch gar nicht gewesen sein? Ha! Von wegen. Aus dem Mund dieses Typen mit den Tränensäcken eines verwilderten Rehpinschers und der verrupten Ausstrahlung eines gänzlich erfolglosen Handelsreisenden für Zahnseidenimitate kamen Sätze, die selbst einem mecklenburgischen Sonderschüler mit Motivationsproblemen im Dauerleistungstief noch peinlich wären. Wie wäre es beispielsweise mit der folgenden Aussage?

»Ich denke, wir sind uns darüber einig, dass die Vergangenheit vorbei ist.«

Während die Welt noch darüber rätselte, ob man sich darüber tatsächlich einig sein sollte oder ob der mächtigste Mann der Welt es nicht vielleicht ganz anders gemeint hatte, ließ Dabbljuh schon den nächsten Kracher los:

»Es ist traurig, dass ich nicht öfter joggen kann. Das gehört zu den traurigsten Dingen des Präsidentenamtes.«

Yep, Georgie-Boy. So isses. Das Joggen geht einem als Präsident so richtig ab. Dafür fehlt's an Zeit. Das ist soooooo fies. Wo du doch immer so gerne durch die Gegend gewackelt bist. Mit Schwung und Schmackes. Manchmal bis zur Hofeinfahrt und zurück. Jau, es gibt nix Traurigeres im Leben eines Präsidenten als so ein vermisstes Joggerfeeling. Da müssen selbst abgelehnte Gnadengesuche, etliche Amokläufe und – nicht zu vergessen – Nine-Eleven dagegen echt abstinken. Okay, das war auch echt Mist, aber ein Leben ohne Jogging ... Boaah, Mann – das ist echt krass bitter ...

»Ich glaube, wenn man weiß, woran man glaubt, dann ist es viel einfacher, Fragen zu beantworten. Ich kann Ihre Frage nicht beantworten.«

Diese kryptische Antwort gab der Präsident bei einem Interview. Sogar im Fernsehen. Das flimmerte also amerikaweit über die Mattscheiben. Da bleibt eigentlich nur zu glauben, dass man glaubt, was man weiß, bevor man fragt ... äääh ... oder nicht sagt, wer es glaubt, dass man nicht antwortet, wenn man fragt, wohin das ... äääh ... oder weiß, wie man sagen soll, weshalb man sich wohin glaubt, weil man nicht kann. Was auch immer. Strullern vielleicht. Oder knuddeln. Wen auch immer. Fragt doch jemand anderen, bitte. Geht weg. Will nicht. Pfui. Oder so. Und wenn man ihm dumm kommt, dem Schorsch, dann kann er auch anders. Dann kann er richtig fuchsig werden. Total fies. Aufgepasst:

»Wenn er so weitermacht, dann werde ich der Nation sagen, was ich von ihm als menschliches Wesen und als Person halte.«

Als »menschliches Wesen« *und* als »Person«. Diese haarfeine Unterscheidung gibt uns subtile Hinweise auf eine mehr als nur theoretische Möglichkeit, deren Wahrheitsgehalt bislang offenkundig unterschätzt wurde. Tschortsch Dabbljuh ist gar kein Mensch. Oder zumindest kein Wesen. Und schon gar keine Person. Wie man darauf kommen könnte? Nun – dieses Zitat macht doch eindeutig klar, dass Mr. President gar nicht so recht weiß, was ein menschliches Wesen sein könnte. Eine Person, vielleicht? Könnte sein, muss aber nicht, denkt sich George. Und dies wiederum bringt uns zur angesprochenen Theorie: Der angebliche Texaner ist gar kein Mensch, sondern außerirdischen Ursprungs. Möglicherweise ein Stück kosmischen Sondermülls, produziert von den wuseligen Bewohnern der dunklen Materie. Von denen muss es ja etliche geben, sagt man. Und die wollten ihren Schrott loswerden. Und was tut man, wenn man Schrott übrig hat? Man schmeißt ihn auf die Erde. Machen wir doch auch so, oder? Andererseits, und dies lehren uns die Geschichte und Erich von Däniken, man darf die ETs dieses unseres Weltalls auch nicht unterschätzen. Mag sein, dass ihre Methode der Mülltrennung nicht die feine englische Art ist, aber offenkundig sind sie willens und in der Lage, sich sämtlichen Herausforderungen zu stellen. Oder wie sonst könnte man den nächsten Satz des auf der Erde Zurückgelassenen deuten?

»Wir sind bereit für jedes unvorhergesehene Ereignis, das eintritt oder auch nicht.«

Yep. Oder nicht. Dafür aber extrem vorbereitet. Bis in die Haarspitzen präpariert. Startklar. So sind sie halt, die Aliens.

Für die Theorie der außerirdischen Herkunft sprechen auch die ... hm ... sagen wir mal »gewöhnungsbedürftigen« Geografiekenntnisse des Schwachmatikers aus den Weiten des Weltalls. Denn kaum hatte sich der aufgemacht, mittels eindeutig extraterrestrischer »Ich mach mir die Wahl wie sie mir gefällt«-Methoden (Sie werden doch nicht ernsthaft behaupten wollen, dass Floridas Wahlautomaten auf der Erde produziert wurden? So einen Schrott bauen die nicht mal in Nordkorea ...) die angeblich wichtigste Nation des Planeten zu regieren, da gelobte er bereits ewige Treue. Den Verbündeten. Oder denen, die er dafür hielt. Oder den anderen. Oder vielleicht auch sich selbst. Man weiß es nicht.

»Wir sind der Nato fest verpflichtet. Wir sind ein Teil der Nato. Wir sind Europa fest verpflichtet. Wir sind ein Teil Europas.«

Äääh. Ja. Genau. Und weil wir doch alle irgendwie Europa sind, oder vielleicht auch ein bisschen Bluna, macht es uns auch so schwer zu schaffen, dass die Welt sich ständig verändert. Es fehlen mittlerweile einfach die Gewissheiten, wie es der amerikanische Tellerwäschersymbolist so schön formulierte:

»Als ich aufwuchs, war die Welt gefährlich. Man wusste genau, wer sie waren: Es war wir gegen sie, und es war klar, wer sie waren. Heute wissen wir nicht so genau, wer sie sind, aber wir wissen, dass sie da sind.«

Und das wissen wir genau. Schade eigentlich, dass George in seiner bewegten politischen Laufbahn mit Boris Jelzin nicht mehr allzu viel zu tun hatte. Heidewitzka, wäre das ein Spaß gewesen, so ein Gipfel mit der lebenden Gehirnentleerung und dem zweibeinigen Bottich alles Hochprozentigen. Wer weiß, vielleicht hätte nur Dabbljuh jenen Satz verstanden, den ein möglicherweise ganz leicht angeschlagener Boris »Wodka is my first love and it will be my last« Jelzin vor russischen Unternehmern in die errötenden Mikros röchelte:

»Wer heute sagt, was ich nicht weiß, wer unsere Freunde und wer die Feinde, von uns, was man nicht sagen kann und glaubt, ist nicht richtig im Kopf und tritt unser Russland. Wenn ich aber weiß, dass die Amerikaner, wenn sie sich auch sicher sind, so wird es nicht in meiner Amtszeit geschehen. Das verspreche ich.«

Oha. So war das also. Zu Beginn des Jahrtausends steppte er noch, der russische Bär. Da wurde Klartext gesprochen, da waberte Tiefsinn durch die Flure des Kreml. Und die Fahnen flatterten im Wind. Und aus den Mündern. Und wie. Prösterchen, Gevatter Frost, ein Schlückchen auf Mütterchen Russland. Doch – wie gesagt – ein wirklich ernsthaftes Gespräch (hihi) zwischen George und Boris ist bedauerlicherweise nicht überliefert, sodass wir uns mit jenen Perlen trösten müssen, die vor andere Säue geworfen wurden:

»Das ist eindeutig ein Haushaltsplan – da sind eine ganze Menge Zahlen drin.«

Und das ist ein wunderbares Beispiel für die Beweisführung der amerikanischen Regierung jener Jahre, die nicht nur jede Menge Massenvernichtungswaffen im Irak wähnte, sondern der Nation auch noch die Basis für jene unerträglich dümmliche Frömmlerbewegung bescherte, die sich geschichtsklitternd als »Tea-Party-Bewegung« bezeichnen darf. Wahrlich – George W. Bush und die Seinen waren der absolute Tiefpunkt des amerikanischen Traums, wobei nicht unerwähnt bleiben darf, dass sich der Präsident seine gesamte Amtszeit hindurch mit Mitarbeitern umgab, die ihm zwar intellektuell turmhoch überlegen waren, deren Weltanschauung allerdings noch den guten alten Präriegeist atmete. Hach, bei Sätzen wie dem folgenden fühlt man sich doch gleich in eine *Western von gestern*-Folge versetzt:

»Jeder weiß, dass du kein richtiger Mann bist, bis du eine Waffe besitzt.«

Nein, so sprach nicht Jesse James, sondern Vizepräsident Dick Cheney. Und spätestens seit jenem Tag, als ein als »Joker« verkleideter und bis an die Zähne bewaffneter Mann in einem amerikanischen Kleinstadtkino wild um sich schoss und damit eine makabre Reihe ähnlicher Amokläufe zu einer vorläufigen blutigen Klimax führte, wissen wir eines mit Bestimmtheit: An richtigen Männern herrscht in den Vereinigten Staaten nach wie vor ganz offenbar kein Mangel. Allerdings darf nicht unerwähnt bleiben, dass es in Bushs Regierung auch Minister gab, die eine nachgerade philosophische Haltung zu Waffen und deren Einsatzoptionen verfolgten. Der langjährige Verteidigungsminister Donald Rumsfeld beispielsweise – Sie erinnern sich? Der vom »alten Europa« faselte, als sich nicht alle Europäer stante pede mit auf die Suche nach den ominösen Massenvernichtungswaffen machen wollten – widmete sich tiefsinnigen, dem *Wort zum Sonntag* wahrlich würdigen Gedanken – bedauerlicherweise tat er das laut. Aufgemerkt!

»Der Tod neigt dazu, eine deprimierende Sicht des Krieges zu vermitteln.«

Mmmmhmmmmm. So ist das nämlich. Stimmt uns alle gleich ein wenig nachdenklicher. Ohne den Tod wäre der Krieg echt viel lustiger. Irgendwie. Wenn's die Bomben auch ohne zerfetzte menschliche Körper gäbe. Wenn die großkalibrige Munition sich ihren Weg folgenlos durch Kinderfleisch bahnen könnte. Wenn Phosphorgranaten und Tretminen wenigstens immer nur verstümmeln würden, statt so häufig gleich jemanden umzubringen. Das ist nämlich nicht schön. Das ist – so sagt es Donald Rumsfeld völlig zu Recht – echt deprimierend. Total. Das nervt. Da könnte man richtig kaputt dran gehen, das raubt einem den Schlummer. Andererseits sollte man auch nicht zuuuu lange darüber nachgrübeln, denn sonst könnte man die folgende Perle aus dem riesigen Zitatenschatz des Abc-Schützen Bush verpassen, der sich eher ungern mit dem Tod beschäftigt, dafür aber ganz profunde Einsichten in dessen Gegenteil aufweisen kann.

»Mein Standpunkt für das Leben ist, dass ich glaube, es gibt Leben.«

Angesichts solcher Aussagen und Eingebungen könnten wir Europäer uns bequem zurücklehnen, die schwabbeligen Beine übereinanderlegen und tiefenentspannt vom »tumben Ami« dampfplaudern, der es ja wohl nicht besser verdient habe. Bei uns, dem Hort abendländischer Kultur, der Wiege der westlichen Zivilisation, da könne einer wie George Dabbljuh nie und nimmer landen – so einen wählten wir nicht mal mit 3,6 Promille. Niemals.

Stopp.

Wir wollen doch nicht verallgemeinern.

Denn was ist mit Italien?

Exakt. Italien! Dem Stiefelchen. Der Heimat von Pizza, Scala und Cosa Nostra. In Italien nämlich, da regierte für eine geraume Weile eine telegene Kreuzung aus Bonsai und chauvinistischer Schleimsuppe namens Berlusconi. Dieser polygame Nuttenversteher, dessen Verständnis von Ehrlichkeit sich weit unterhalb jener Grasnarbe bewegt, die einst so honorige Männer wie Richard »Tricky Dick« Nixon als Messlatte installiert hatten, pflegt sich seit jeher als eine Art Erlöser des Prekariats mit Neigung zum Degoutanten zu inszenieren. Silvio Berlusconi, schwerreicher Barde schwer erträglicher Seichtigkeiten, Medienmogul (was uns zwangsläufig zur Frage bringen muss, ob das Wort »Medien« mittlerweile nicht endlich mal einen Rufschädigungsprozess anstrengen sollte ...), Besitzer eines Fußballclubs und mehrfach gelifteter Leibesübungslehrer pubertierender Dumpfbacken im Lolita-Look, ist die fleischgewordene Antithese zum Humanismus. Diesem Mann ist buchstäblich nichts zu simpel, nichts zu blöd und vor allem nichts zu peinlich, als dass er es nicht in aller Öffentlichkeit dummdreist präsentieren würde. Liebe Italiener, die ihr Silvio Berlusconi einmal gewählt habt: Was, in Dreiteufelsnamen, habt ihr euch dabei gedacht? An wem wolltet ihr euch rächen? Und wofür? Wäre es da nicht sinnvoller gewesen, einfach eine Revolution und/oder einen fünfjährigen Sitzstreik in der nächstbesten Trattoria anzuzetteln? Wirtschaftlich wären die Folgen vermutlich ähnlich gewesen, und euer Ruf wäre wenigstens nicht zur Gänze ruiniert. Okay, das viele Telefonieren mit dem Handy kann ja angeblich Hirnschäden verursachen, aber wie hoch muss eure Telefonrechnung gewesen sein, damit ihr Silvio wählen konntet? Der Mann sagte kurz nach der Wahl Barack Obamas über den amerikanischen Präsidenten:

»Er ist jung, ansehnlich und braun gebrannt«,

und stellte dieses bemerkenswerte Bonmot aus dem Schatzkästlein der RDF (Rassistische Debilen-Front) in eine ganze Reihe ähnlicher dummdreister Entgleisungen der schlimmsten Sorte. Ganz ehrlich: Berlusconi ist fleischgewordenes Fremdschämen, ist so unglaublich peinlich, dass es sich fast verbietet, über so jemanden Witze zu machen. Mal abgesehen davon, dass er in den meisten anderen europäischen Ländern schon mehrfach als Sittlichkeitsverbrecher eingebuchtet worden wäre, muss man doch auch annehmen, dass diese spezielle Form der zwischen irrwitzig und pervers changierenden Hybris ihm anderswo zumindest einen Behindertenausweis eingebracht hätte. Weil das in Italien aber über Jahre und Jahrzehnte niemand wahrhaben wollte, durfte er ungestraft Dinge sagen wie die folgenden:

»Ich bin der Jesus Christus der Politik. Ich bin ein geduldiges Opfer, habe mich selbst für alle geopfert.«

Oder auch:

»Mein Latein ist gut genug, dass ich ein Mittagessen mit Julius Cäsar bestreiten könnte.«

Und wie wäre es damit?

»Nur Napoleon hat mehr getan als ich. Aber ich bin definitiv größer.«

Fassen wir doch mal kurz zusammen: Der Mann betatscht und besteigt ständig junge und angeblich zuweilen sogar minderjährige Mädchen, rekrutiert seine Ministerinnen in Beautyfarms und auf Laufstegen, behindert und beschimpft die Justiz des eigenen Landes wann und wo immer er kann, vergleicht sich mit Cäsar, Napoleon und Jesus, trällert gerne grauenhafte Schlager, verunglimpft politische Gegner bei jeder sich bietenden Gelegenheit so persönlich wie möglich, kooperiert gerne mit mafiösen Organisationen verschiedener Couleur, versucht mit allen Tricks und Schlichen die Pressefreiheit einzuschränken und hat eine politische Erfolgsbilanz, die sich auf der Rückseite einer Briefmarke zusammenfassen lässt. Da kann es doch kaum Zweifel geben – Silvio Berlusconi ist der wiedergeborene Nero.

Nun mögen Sie einwenden, dass man sich doch bitte schön nicht nur auf die beiden großen B einschießen solle – es gebe doch auch außerhalb Italiens und der USA sicherlich noch beliebig viele rhetorische Brechreizerreger. Stimmt. Aber zum einen »glänzen« die anderen nicht mit einer so reichen Fülle an nerv- und hirnzersetzenden Aussprüchen, zum anderen sind ihre Verfehlungen schwieriger zu finden. Versuchen Sie doch mal jemanden aufzustöbern, der Ihnen die Sprechblasen taiwanesischer Politiker decodiert ...

Dessen ungeachtet wollen wir Ihnen in diesem Kapitel über die internationalen Leerstellen des gesprochenen Wortes auch noch einige weitere Kombattanten präsentieren, allen voran jene Dame, die man in den achtziger Jahren so gern als »Eiserne Lady« verherrlichte. Tatsächlich war Maggie Thatcher, die humanoide Variante einer Stalinorgel, immer gut für markige Sprüche, die uns bis zum heutigen Tag tiefe Einblicke in ihr Demokratieverständnis bieten:

»Es stört mich nicht, was meine Minister sagen, solange sie tun, was ich ihnen sage.«

Yep, das ist Maggie, wie sie leibte und lebte. So unverfälscht. Seufz. So knackig. Seufz. So … so … irgendwie echt knorke, oder so. Doch bevor wir allzu nostalgisch werden und Margaret Thatcher zu einer Ikone der Magna-Carta-Nation stilisieren, sollten wir uns daran erinnern, wie das eiserne Bügeleisen des Sozialstaates wirklich agierte. Mrs. Thatcher nämlich brachte es in wenigen Jahren dahin, dass soziale Gerechtigkeit in Großbritannien in etwa denselben Stellenwert bekam wie im Kongo der 1850er Jahre, hebelte Arbeitnehmerrechte an allen Fronten aus, machte wohlhabende Briten noch ein bisschen wohlhabender und arme Briten ganz erheblich ärmer, sorgte für die Privatisierung und Verramschung staatlicher Gesellschaften, pervertierte das Schulsystem zu einer Dreiklassengesellschaft, reizte die Iren bis aufs Blut und riskierte für ein paar schafbesiedelte Felsen im Südatlantik einen blutigen Konflikt mit Argentinien. So also sieht die historische Bilanz der Maggie Thatcher aus. Und wenn jetzt einer einwendet, dass sie aber immerhin die Wirtschaft in Schwung gebracht habe, dann kotzt ihm der Autor vor die Füße. Einmal jedoch, da sprach Mrs. Thatcher, der man immerhin Mut und ein Festhalten an den eigenen (wenngleich dämlichen) Überzeugungen attestieren muss, einen wirklich klugen Satz:

»Das Rückgrat ist bei manchen Politikern unterentwickelt – vielleicht weil es so wenig benutzt wird.«

Nun, da könnte Maggie tatsächlich einmal recht gehabt haben. Und damit kommen wir auch schon zur letzten Hitparade dieses Buches.

AUF PLATZ 12

der dämlichsten, nicht im deutschen Sprachraum kreierten Politikersprüche steht:

»Osama bin Laden ist tot, und General Motors lebt.«

So stellte es Joe Biden während des Präsidentschaftswahlkampfes 2012 fest. Der Vize von Präsident Barack Obama lehrte uns damit zweierlei: 1.) Für 'ne geile Pointe kann es gar nicht geschmacklos genug sein. Und 2.) Um eine geile Pointe raushauen zu können, kann man auch Dinge miteinander kombinieren, die rein gar nichts miteinander zu tun haben. Hauptsache, es klingt irgendwie griffig und bietet dem Pöbel die Möglichkeit zum enthemmten Begeisterungsgetrampel. Probieren Sie's doch einfach mal im Familienkreis: »Onkel Hugo ist Päderast und Opa Helmut kocht heute Rüben ein.« Jede Wette – das bringt den Saal zum Kochen.

PLATZ 11:

Lady Nancy Astor zu Winston Churchill: »Wenn Sie mein Mann wären, würde ich Gift in Ihren Kaffee tun.«
Winston Churchill: »Wenn Sie meine Frau wären, würde ich den Kaffee trinken.«

Zugegeben, das ist kein Satz, sondern ein kleines Schmuckstück von einem Dialog, und richtig dämlich ist dieser eigentlich auch nicht, sondern eigentlich ja ganz witzig. Irgendwie. Ein bisschen. Immerhin offenbart sich in diesem Gespräch des wohl berühmtesten Premierministers aller Zeiten mit einer damals beinahe ebenso berühmten Frauenrechtlerin nicht nur der Fatalismus des englischen Humors, sondern auch die grenzenlose Arroganz eines britischen Politikers gegenüber einer wütenden Frau. Churchill nämlich waren politisch interessierte oder gar engagierte Damen ungefähr so willkommen wie deutsche Jagdbombergeschwader über London, und mit einer dementsprechenden Verachtung strafte er sie auch. Man stelle sich mal vor, Gerhard Schröder wäre so mit wichtigen Politikerinnen umgegangen ... Was? Ist er? Hm – dann suchen Sie sich halt ein anderes Beispiel.

PLATZ 10:

»Keiner meiner Minister ist so gut bestückt wie ich.«

Sie ahnen gewiss bereits, wer im Jahr 2006 mit dieser absolut objektiven und womöglich auch durch Inaugenscheinnahme im Zusammenspiel mit ebenso glutäugigen wie großbrüstigen und minderjährigen Gespielinnen belegten Selbsteinschätzung aufwartete? Richtig: Silvio »The Italian Piccolo Stallion«

Berlusconi. Dieser offenbar von der Natur so reich beschenkte Attila im Porzellanladen des guten Geschmacks wurde und wird bis zum heutigen Tag nicht müde, seine diversen Vorzüge als Beglücker der Damenwelt zu preisen, und bewertet diese eigenem Bekunden zufolge auch weit höher als Marginalien wie politische Glaubwürdigkeit oder gar Demokratieverständnis. Wie sehr muss es einen solchen Hengst dann schmerzen, wenn die Medien ihm – und das dürfen Sie nun ausnahmsweise mal total wörtlich nehmen – mangelnde Größe attestieren:

PLATZ 9:
»Ich bin größer als Putin und Sarkozy. Ich bin 1,71 Meter groß. Warum zeichnen mich dann alle Karikaturisten als Zwerg?«

Das ist tatsächlich eine hochinteressante Frage, die Silvio »Der schnelle Grabscher« Berlusconi da aufwirft. 1,71 Meter – das ist zwar nicht unbedingt riesig, doch zumindest würde er Helmut Kohl damit bis zum Bauchnabel reichen, also mehr, als man von Norbert Blüm je behaupten konnte. Dass Karikaturisten ihn dennoch gerne als Gnomen zu Papier bringen, muss also Gründe haben, die nicht unbedingt im äußeren Erscheinungsbild zu suchen sind. Vielleicht, lieber Silvio, ist hierfür eine Kombination verschiedener Ursachen verantwortlich: die sittliche Reife einer monatelang mit Aphrodisiaka vollgestopften Spitzmaus (klein), der zurückhaltende Anstand eines ausgehungerten Pitbulls angesichts eines leckeren Kinderarmes (winzig), die im Selbstversuch erworbene Stilsicherheit eines turkmenischen Innenarchitekten mit Jurteher-

kunft (minimal), die Bescheidenheit eines Mailänder Fußball-
profis (nicht vorhanden) und die Möglichkeit zur objektiven
Selbsteinschätzung eines Kim Jong-il (unbekannt geblieben,
weil zensiert). Die Mixtur aus all diesen »Kleinigkeiten« führt
dazu, lieber Silvio, dass dein Bild in der Öffentlichkeit – oder
zumindest in jenen Teilen der Öffentlichkeit, die eigenständi-
ges Denken nicht mit dem permanenten Versuch verwechseln,
grenzdebile Blondinen zu One-Minute-Stands zu überreden –
irgendwie ... äääh ... kleinwüchsig rüberkommt. Ist ja nicht
bös gemeint. Nix für ungut.

Andererseits muss man aber auch sagen, dass Signore
Berlusconi eigentlich jede Art von Bösartigkeit verdient hat.
Die Darstellung als laufender Meter ist angesichts des folgen-
den Satzes sogar noch schmeichelhaft:

PLATZ 8:
»Manchmal funktionieren Tretboote gut. Keine der Leichen
hat sich beschwert.«

So die wenig pietätvolle Antwort des Napoleons für Arme im
September 2002 in einem Fernsehinterview auf die Frage, warum die italienische Grenzpolizei Tretboote benutzen müsse,
um schiffbrüchige Immigranten vor der Küste zu bergen.
Sorry, aber darüber kann man sich nicht mehr lustig machen,
ein solcher Satz verrät mehr über jenes Stück Giftmüll, das
Italien über Jahrzehnte der politischen Lächerlichkeit preisgab, als jeder noch so pointierte Witz. Gönnen wir uns deshalb mal eine Silvio-Pause und geben unserem anderen Liebling eine Chance. Tschortsch Dabbljuh Busch.

PLATZ 7:

»Die große Mehrzahl unserer Importe kommt von außerhalb des Landes.«

Seeeehr richtig. So isses. Manche der Importe kommen sogar aus dem – Achtung – »Ausland«. Das ist jenes Land, lieber George, das nicht Amerika ist. Jener vernachlässigbare Teil des Erdballs, für den du, in deiner unendlichen Weisheit, sogar einen – Achtung – »Außen«minister beschäftigt hast. In manchen dieser unwirtlichen Gegenden, die nicht Amerika sind, wird – Achtung – sogar eine andere Sprache als Amerikanisch gesprochen (in deinem Fall von »Englisch« zu sprechen, verbietet sich allerdings). Das eigentlich Erstaunliche an diesem Satz der bibelfesten Saftpresse ist jedoch die tiefe Einsicht in das Wesen der Im- und Exportwirtschaft. Dass jene Güter, die *ins* Land gelangen, von irgendwo *außerhalb* des Landes kommen müssen, ist die beeindruckendste gedankliche Leistung dieses Präsidenten seit dem Tag seiner Vereidigung. Die musste er nämlich selbstständig vom Teleprompter ablesen. Glücklicherweise durfte er dabei die Lippen bewegen ...

Und damit noch einmal ein Salto rückwärts zu Silvio, der nicht nur vollständig beratungsresistent ist und das Geschichtsverständnis einer verwesenden Weinbergschnecke aufweist, sondern auch noch gegenüber jeder Kritik dünnhäutiger reagiert, als Maos Witwe das je gekonnt hätte.

PLATZ 6:

»Herr Schulz, ich weiß, dass ein Mann in Italien einen Film über Konzentrationslager der Nazis produziert. Ich würde Sie gern für die Rolle eines Aufsehers vorschlagen. Sie wären perfekt.«

Dieses Castingangebot machte Signore Berlusconi – der sich übrigens gerne als »Il Cavaliere« titulieren lässt – dem deutschen EU-Abgeordneten Martin Schulz, der zwar auch gerne mal die ein oder andere grobe rhetorische Klinge schlägt, sich aber eine derartige Entgleisung kaum gefallen lassen muss. Sei's drum: Wenn Silvio schon mit cineastischen Vergleichen aus der untersten Schublade anfängt, lassen Sie uns doch auch mal ein paar Vorschläge machen, in welchen Streifen der glutäugige Kolibri unter den Casanovas selbst mitspielen könnte. Eine kleine, ganz persönliche Top-3-Hitliste zwischendurch:

Platz 3 der aufregendsten Filme, in denen Silvio mitspielen könnte: »Zärtlicher Cousin« – die bekannte Weichzeichneroptik wäre sehr hilfreich, um entscheidende Details gnädig zu kaschieren: seine Größe, sein Aussehen, seine Mundbewegungen und dass sein bestes Stück doch ganz winzig ist. Vermutlich.

Platz 2: »Apocalypse clown« – irgendwann in naher Zukunft. Ein Boot mit jungen verzweifelten Menschen fährt den gefährlichen Tiber hinauf. Sie sind alle blond, langbeinig und weiblich und wissen nicht, was genau sie eigentlich suchen. Und plötzlich treffen sie mitten im Hauptstadtdschungel auf den apokalyptischen Clown Silvio, der ein paar Minderjährige in Käfigen hält, offenkundig wahnsinnig ist und ihnen für schnellen Geschlechtsverkehr eine Gastrolle in der Italoversion von *Tutti Frutti* anbietet.

Platz 1 der spannendsten Silvio-Schinken: »Denn sie wissen nicht, wen sie wählen« – Silvio mit Fluppe in der High-Lift-Visage, lässig an die Motorhaube eines Fiat Punto gelehnt. Co-Stars sind prominente Vertreter der Cosa Nostra, Camorra und 'Ndrangheta, einige x-beliebige Wähler aus Mailand und Turin, der Papst sowie einige Blondinen. Oder vielleicht auch nur einige Blondinen. Jung. Drall. Willig. Das genügt. Eine Handlung ist nicht notwendig, Hauptsache das Filmplakat knallt rein.

PLATZ 5:

»Ich bin nicht eitel, ich bin nicht eingebildet, aber es steht doch unverrückbar fest, dass ich weniger Schwächen habe als alle anderen Menschen, dass ich klüger bin als die meisten anderen Menschen und dass ich für dieses Land mehr getan habe, als jeder andere hätte tun können. Und deshalb rufe ich meinen Gegnern und Feinden zu: Ihr würdet Gott selbst einen Stümper nennen, wenn es nur euren erbärmlichen Zielen dient.«

Nein, man kann nicht unbedingt behaupten, Hugo Chávez, der sozialistische Präsident Venezuelas, litte an Minderwertigkeitskomplexen. Diese Sätze aus einer Wahlkampfrede vom August 2012 könnten dem Tagebuch anderer großer Männer der Geschichte entnommen sein – Caligula beispielsweise könnte eine ähnliche Selbsteinschätzung gehabt haben. Oder Howard Carpendale.

PLATZ 4:

»Es ist Zeit, dass die Menschheit ins Sonnensystem vordringt.«

Da hat er recht, der Expräsident, da hat er wirklich recht. Schon allein deshalb, weil die Menschheit gar nicht erst existiert, wenn sie nicht endlich mal in irgendein Sonnensystem vordringt, und sei es auch noch so ein mickriges. Zur Not tut's auch unser eigenes ...

Aber jetzt mal Scherz beiseite: Die Tatsache, dass die fleischgewordene Symbiose aus Komplex und Agonie nicht einmal weiß, dass wir bereits in einem Sonnensystem leben, ist doch der letzte notwendige Beweis für die These, die vor einigen Seiten schon dargelegt wurde: Mr. Bush ist ein Außerirdischer. Oder vielmehr: etwas Außerirdisches. Wobei beim Wort »Lebensform« soeben die Tastatur streikte. Komisch, oder?

PLATZ 3:

»Wenn du weiter gegen mich hetzt, so werde ich dir das Genick brechen wie einer Ratte, werde deinen Schädel aufreißen und hineinsch... und dann deine Kinder umbringen und ihre Leichen in meine Mülltonne stopfen.«

So das nette Versprechen, das Ma Ying-jeou, seit 2008 taiwanesischer Präsident, im Wahlkampf 2012 einem Journalisten gab. Dem ist kaum noch etwas hinzuzufügen. Endlich macht mal jemand den Mund auf und sagt einem dieser gottverdammten Sesselfurzer von schmierigen Schundschreibern, wo der Dreckshammer hängt und der Barthel den abgefuckten

Most holt. Scheiße auch, das ist endlich mal nicht diese verfluchte abgehobene Politikerscheiße, die keiner versteht und keiner mehr hören will – das ist einfach mal voll dem Volk aufs Maul geschaut. Klare Ansage, klare Botschaft, krass beeindruckend, ey. Und hat offensichtlich funktioniert.

Warum müssen wir heutzutage nach Taiwan blicken, um solch elementaren Sätze erleben zu dürfen. Warum ist Franz Josef Strauß schon tot? Und Herbert Wehner?

PLATZ 2:

Wenn wir schon bei historischen Persönlichkeiten sind, wollen wir Ihnen ein weiteres Highlight aus dem Zitatenschatzkästchen von Bunga-Bunga-Berlusconi nicht vorenthalten, mittels dessen sich die politisierende Teppichfluse als profunder Kenner der italienischen Geschichte zu etablieren gedachte.

»Mussolini hat nie jemanden getötet. Mussolini schickte Menschen in Lager in den Urlaub.«

Yep. Genauso war das bei Mussolini. Der Duce nämlich, Kameraden, das war ein echter Menschenfreund. Ein echter Führer halt, wie der Name schon sagt, mit einem Herzen so groß wie Mamma Italia. Und mit neidischen Oppositionspolitikern, Staatsanwälten und dahergelaufenen Journalisten musste der sich auch nicht auseinandersetzen. Hach, waren das Zeiten ...

Zugegeben, die Geschichtsschreibung hält Mussolini für einen größenwahnsinnigen Diktator, den Erfinder des Faschismus, der Andersdenkende ebenso rücksichtslos wie brutal verfolgen, einsperren und in vielen Fällen auch umbringen ließ.

Aber all dies spielt in der Weltsicht des Silvio B. eine bestenfalls untergeordnete Rolle. Für Silvio B., der so gerne ein großer Führer wäre, genügt es bereits zu wissen, dass man Mussolini offiziell und im gesamten Volk als Duce anzureden hatte. »Geiler Titel – so übel kann der Typ nicht gewesen sein«, mag sich der Mailänder Stirnglatzentroll gedacht haben. Und diese Lager ... ach, diese Lager ... Waren halt Ferienlager. Campingplätze. Man kennt das ja.

Und damit kommen wir schon zu

PLATZ 1

Liebe Leserinnen, liebe Leser,

wahrscheinlich wurden auch Sie mit der Gewissheit sozialisiert, dass es auf dieser Welt acht Todsünden gibt. Schauen wir doch mal, ob Ihnen noch alle einfallen ...

Na? Schon fündig geworden? Nein? Na gut, hier die Aufzählung für alle, die die Katechismusstunden geschwänzt haben: Neid, Hochmut, Zorn, Wollust, Geiz, Völlerei und Trägheit. Und der Kommunismus, natürlich. Die letztgenannte Verfehlung war zwar im ursprünglichen Kanon noch nicht enthalten, gilt aber spätestens seit den fünfziger Jahren als die unumstrittene Nummer 1 unter den Todsünden, was das folgende Statement unseres allseits geschätzten italienischen Sackhüpfers eindrucksvoll illustriert:

»Gehen Sie und lesen Sie im Schwarzbuch des Kommunismus, und Sie werden sehen, dass im China Maos keine Babys gegessen wurden, aber gekocht, um damit die Felder zu düngen.«

So formulierte es der große Staatsmann Berlusconi im März 2006, und fast ist man geneigt zu glauben, die seinerzeit bevorstehende Transplantation von frischen Haarwurzeln hatte bereits mit vorbereitenden massiven Eingriffen in die Großhirnrinde begonnen. Tatsächlich sind die gekochten chinesischen Babys eine Legende, die sich zwar in diversen ultrareaktionären Verlautbarungsorganen nach wie vor hält, die aber in etwa so ernst zu nehmen ist wie ein Versprechen ewiger Treue von Lothar Matthäus. Dennoch scheute sich der lombardische Sockenschuss nicht, diesen Müll nicht nur für bare Münze zu nehmen, sondern auch noch ungefiltert in den Äther zu entlassen, was uns stark vermuten lässt, der selbst ernannte »Cavaliere« bringe zum Staatenlenker in etwa dieselbe Befähigung mit wie Thomas Gottschalk zu aufrichtiger Selbstkritik.

Aber das wussten wir ja irgendwie schon.

Wie die Politik sich selbst abschafft

Ulf C. Goettges / Martin
Häusler
DU SOLLST DEN
WÄHLER FÜR DUMM
VERKAUFEN
Die 10 ungeschriebenen
Gebote der Politik
240 Seiten
ISBN 978-3-404-60753-2

Mobbing, Bestechlichkeit, Beschlüsse nach Parteiräson und immer wieder Polemik statt Sachverstand: Das Ansehen der Politik ist miserabel. Eine junge Abgeordnete sagt: »Wenn die Menschen wüssten, was wirklich in der Politik gespielt wird, gäbe es eine Revolution.« Viele Insider haben ähnlich ernüchternde Erfahrungen gemacht, sie packen hier aus. Die Politexperten Ulf C. Goettges und Martin Häusler machen die ungeschriebenen Regeln des Politikbetriebs in 10 empörenden Geboten öffentlich und reden Klartext über unsere Volksvertreter. Doch sie machen auch Vorschläge zur Erneuerung - ein unverzichtbares Buch zum Wahljahr!

Bastei Lübbe Taschenbuch

Werde Teil
der Bastei
Lübbe Welt

f

t

You
Tube

www.luebbe.de

Lesen,
rezensieren,
Bücher
gewinnen

Lerne Autoren,
Verlagsmitarbeiter
und andere
Leser kennen